EM DEFESA DA
EDUCAÇÃO

ROSSIELI SOARES

EM DEFESA DA EDUCAÇÃO

Fons Sapientiae

Edições Fons Sapientiae
um selo da Distribuidora Loyola

Direitos:	© Copyright 2022 – 1ª edição, 2022
ISBN:	978-65-86085-26-6
Fundador:	Jair Canizela (1941-2016)
Diretor Geral:	Vitor Tavares
Diretor Editorial:	Rogério Reis Bispo
Revisão:	Maurício Pagotto Marsola
Capa e diagramação:	Telma Custodio

Dados Internacionais de Catalogação na Publicação (CIP)
(Câmara Brasileira do Livro, SP, Brasil)

Soares, Rossieli
    Em defesa da educação / Rossieli Soares. --São Paulo : Edições Fons Sapientiae, 2022.

    ISBN 978-65-86085-26-6

    1. Avaliação educacional 2. BNCC - Base Nacional Comum Curricular 3. Educação - Brasil 4. Educação - Finalidade e objetivos 5. Política educacional 6. Professores - Formação I. Título.

22-116223   CDD-370.981

Índice para catálogo sistemático:

1. Brasil : Educação   370.981

Cibele Maria Dias - Bibliotecária - CRB-8/9427

Edições Fons Sapientiae
é um selo da Distribuidora Loyola de Livros
Rua Lopes Coutinho, 74 – Belenzinho 03054-010 São Paulo – SP
T 55 11 3322 0100 | editorial@FonsSapientiae.com.br
www.FonsSapientiae.com.br

Todos os direitos reservados. Nenhuma parte desta obra pode ser reproduzida ou transmitida por qualquer forma ou quaisquer meios (eletrônico ou mecânico, incluindo fotocópias e gravação) ou arquivada em qualquer sistema ou banco de dados sem permissão escrita

Para Meg,
meu amor e companheira de todos os momentos,
e
Arthur,
meu coração que bate fora de mim.

Sumário

Agradecimentos 9

Apresentação 11

Prefácio 13

Introdução 15

CAPÍTULO 1
Educação em tempos adversos: a rede estadual de São Paulo
diante da pandemia de Covid-19 17

CAPÍTULO 2
O universal e o local: políticas de educação indígena na
Secretaria do Amazonas 41

CAPÍTULO 3
Construindo consensos: a homologação da
Base Nacional Comum Curricular 59

CAPÍTULO 4
Os desafios da implementação
do Novo Ensino Médio 79

CAPÍTULO 5
As políticas de fomento à Educação em Tempo Integral ... 103

CAPÍTULO 6
Formação de professores e carreira docente: debates e políticas ... 123

CAPÍTULO 7
Os Centros de Mídias e a educação mediada pela tecnologia..........149

CAPÍTULO 8
Os progressos conquistados com os programas
Mais Alfabetização e Novo Mais Educação..167

CAPÍTULO 9
A importância da avaliação educacional em diferentes níveis e
contextos 189

Agradecimentos

Este livro é dedicado a Meg, minha esposa e ao Arthur, meu filho. Não tenho palavras, no código único da nossa relação de amor, que possam expressar a minha gratidão. Eles são tão essenciais quanto o ar que eu respiro.

À Terê, grande mãe e esteio da nossa família formada por maioria esmagadora de quatro homens (eu, meu pai e dois irmãos), a minha amorosa gratidão.

Ao meu pai Zaca, o homem de uma humanidade inigualável, que me ensinou a sonhar e me inspira a voar sempre alto, em prol das pessoas e dos meus sonhos.

Por fim, agradeço pela contribuição e dedicação a todos que diretamente me apoiaram neste meu primeiro livro:

Alva Rosa, Bruna Waitman, Caetano Siqueira, Carlos Palácios, Eduardo Dechamps, Jane Bete, Gedeão Amorim, Ghisleine Trigo Silveira, Haroldo Rôcha, Henrique Pimentel, Hubert Alquéres, Kátia Cristina Stocco Smole, Lina Kátia, Lúcia Saito, Luiz Roberto Liza Curi, Marcelo Jerônimo, Maria Helena Guimarães de Castro, Manuel Palácios, Mendonça Filho, Raph Gomes, Regina Marieta Teixeira Chagas, Renilda Peres de Lima, Wagner Silveira Rezende, Wisley Pereira e todos os coordenadores de ensino médio das secretarias estaduais de Educação do Brasil.

E também a todas as equipes do Amazonas, do MEC e de São Paulo. Se não fosse pela atuação competente e compromissada de vocês, políticas públicas importantes não teriam acontecido!

O Autor

Apresentação

Muito apropriadamente, Rossieli Soares traz a conhecimento do Brasil sua obra *Em defesa da educação*. Título apropriado para quem, embora jovem, já dedicou treze anos à educação. Acumulou larga experiência como Secretário da Educação do Amazonas, durante quatro anos e agora, desde 2019, é Secretário da maior rede de Educação das Américas, a do Estado de São Paulo.

Eu o conheci muito bem. No meu governo foi secretário de educação básica do Ministério da Educação quando acumulou vasta experiência na área federal, o que lhe permitiu ocupar o cargo de ministro da educação tão logo afastou-se o ministro Mendonça Filho.

Disse conhecê-lo bem porque acompanhei a sua trajetória na área federal, sempre muito bem referenciada pelo então ministro Mendonça Filho. Foi Rossieli, por sinal, quem, ao lado de outros, formatou a reforma do ensino médio. Esta que ele, com grande sucesso, deu início à implantação no estado de São Paulo.

Só mesmo quem dedicou boa parte de sua vida ao setor educacional é que pode tratar de temas tão abrangentes como as políticas de educação indígena, a formação de professores e a carreira docente, o centro de mídias e a educação mediada por tecnologia, os progressos dos programas Mais Alfabetização e Novo Mais Educação, concluindo por fazer uma avaliação educacional em diferentes níveis.

Não posso deixar de registrar a sua palavra sobre os desafios do Novo Ensino Médio assim como a homologação da Base Nacional Comum Curricular, sem esquecer as políticas de fomento à educação em tempo integral, questões positivadas pela Medida Provisória nº 746, depois convertida na Lei nº 13.415/2017. Nessas matérias é que o autor, na época própria, fez valer os seus conhecimentos para a apresentação da referida Medida Provisória convertida em Lei.

Tenho absoluta convicção da indispensabilidade da leitura dessa obra por todos aqueles que se dedicam e se interessam pela Educação em nosso país. De forma didática, como convém, Rossieli Soares faz circular seus conhecimentos neste trabalho, fruto da sua experiência.

Fica fácil, assim, recomendar a sua leitura.

MICHEL TEMER

Prefácio

Ao ser eleito Governador do Estado de São Paulo, em 2018, formei um time de secretariado com algumas características, e a principal delas era o perfil técnico de quem assumisse determinada pasta. Assim, convidei Rossieli Soares para comandar uma das secretarias mais importantes do meu governo: a da Educação. Conhecia-o pouco, mas tive referências e recomendações muito positivas de especialistas da área sobre o trabalho que Rossieli havia realizado no Amazonas e como Ministro da Educação, no governo Michel Temer, bem como o seu grande poder de entrega.

Na obra *Em defesa da educação*, Rossieli mostra, no capítulo de abertura, como foi cuidar da maior rede pública de ensino das Américas, em meio a uma crise sanitária mundial, com a pandemia da Covid-19, um vírus ainda absolutamente desconhecido, em fevereiro de 2020.

O senso de urgência que tive como governador para iniciarmos o quanto antes a aplicação da Coronavac, a primeira vacina de combate à Covid-19 no Brasil, Rossieli teve também esse mesmo compromisso ao colocar em pé, em tempo recorde, o Centro de Mídias da Educação e o programa Merenda em Casa, para garantir dois aspectos que seriam essenciais nessa pandemia: a aprendizagem e a segurança alimentar dos nossos estudantes.

Pensar em novas iniciativas é um trabalho constante. Foi o que fizemos em São Paulo, implementando ações importantes como o Novo Ensino Médio, tema em que Rossieli é uma das principais autoridades, hoje, no Brasil. No capítulo deste livro dedicado ao tema, esta etapa final da educação básica que está sendo implementada de forma exemplar em São Paulo, é um modelo que deve ser seguido, já que agora ele oferece ao jovem, entre tantas possibilidades, a chance de estudar ao mesmo tempo que conquista uma profissão técnica.

Outra política fundamental que tem um capítulo exclusivo é a escola de tempo integral. Rossieli repetiu o feito da expansão histórica, tanto do Amazonas quanto do MEC, aqui em São Paulo. Até 2018, eram 115 mil matrículas em 364 escolas desse modelo. No final de meu mandato, deixei 2.050 escolas de tempo integral, com mais de 1 milhão de vagas!

A obra *Em defesa da educação* é de uma leitura essencial porque demonstra em suas páginas que a educação não se trata de um universo isolado, mas sim, que se reflete em todas as áreas como emprego, renda, saúde, segurança, entre tantas outras.No final, é a que abre portas para os cidadãos e é capaz de mudar realidades.

O Brasil só será uma nação respeitável e digna quando oferecer educação de qualidade para todos, respeitando professores e gestores em todos os níveis. E assim irá espelhar um futuro mais próspero e justo.

JOÃO DORIA

Introdução

A educação não pode esperar. Quem realmente luta por uma educação de qualidade vem avisando há muito tempo que o Brasil precisa urgentemente focar nessa área. Estamos perdendo tempo e ficando para trás, mas parece que pouca gente escuta.

A obra *Em defesa da educação* traz este senso de urgência. Em minha trajetória, desde o Amazonas, incluindo o período no Ministério da Educação e, mais recentemente, como Secretário em São Paulo, tratei a educação como a área de prioridade máxima em nossa sociedade.

Como gestor público, tendo ao meu lado um time incrível de pessoas comprometidas com a causa, conseguimos vencer desafios, que não foram poucos, e entregar políticas que transformam a vida de cada família brasileira por meio da educação.

Com a Base Nacional Comum Curricular (BNCC), homologada no período em que estive no Ministério da Educação, impactamos a vida de 46 milhões de estudantes da educação básica, tanto na escola pública quanto na escola privada.

Provavelmente, não teremos as condições ideais se não as criarmos. Na posição de gestores públicos, não podemos esperar acontecer. Temos que realizar.

Continuo com o lema de não deixar nenhum aluno para trás. Não podemos perder uma geração para a Covid-19. São crianças e jovens que não têm culpa pela pandemia. Estavam em idade escolar no momento errado. Todos os esforços agora são para recuperar esses estudantes e, consequentemente, minimizar os impactos que virão para o país no futuro, devido ao não aprendizado.

Temos que trabalhar arduamente na recuperação da aprendizagem de todos, priorizando as habilidades essenciais, tanto cognitivas quanto sócio-emocionais.

É fundamental que todos nós, das famílias às escolas, órgãos centrais de governos estadual, municipais e federal, defendamos juntos a educação.

CAPÍTULO 1
Educação em tempos adversos: a rede estadual de São Paulo diante da pandemia de Covid-19

Em agosto de 2020, escrevi um artigo para um livro[1] organizado pelo professor Fernando Reimers, da Universidade de Harvard, sobre os desafios da educação do estado de São Paulo no contexto da pandemia de Covid-19. Naquele momento, em que havia passado menos de seis meses desde a suspensão das atividades presenciais nas escolas, destaquei a necessidade de decisões difíceis serem tomadas com rapidez.

Afinal, em pouco tempo, gestores do mundo inteiro foram obrigados a rever todo o planejamento desenhado em suas esferas de atuação e adaptá-lo para um contexto que até então lhes era inédito. No início da pandemia, cada decisão se mostrava desafiadora, pois trazia consigo a necessidade de se dar um passo que ninguém dera ou poucos já haviam dado. Além disso, o tempo não estava a nosso lado, visto que o adiamento de uma ou outra decisão, seja por um único dia, já

---

[1] R. SOARES. Tomando decisiones difíciles rapidamente. *In*: F. REIMERS (org.). *Liderando sistemas educativos durante la Pandemia de COVID-19*. Edição do autor, 2020.

poderia significar prejuízos à saúde e à educação de nossa população.

Como bem sabemos, estávamos diante de uma crise sem precedentes, sobre a qual não possuíamos tantos conhecimentos como hoje. Tínhamos apenas a certeza de que seria dura e afetaria nossas vidas para sempre. Basta destacar que, enquanto escrevo estas palavras, registramos no Brasil mais de 670 mil vidas de brasileiros e brasileiras perdidas para a Covid-19 desde o início da pandemia. Infelizmente, como muitos, também perdi pessoas queridas e sofri com a doença.

Concordo que não haja como classificar tudo isso senão como uma tragédia. Por outro lado, acredito que até mesmo os episódios mais trágicos e tristes nos trazem aprendizados. Nas grandes adversidades, presenciamos também daquilo que há de melhor nas pessoas, como a solidariedade e a capacidade de inovar e de criar soluções pautadas no bem comum. Esse espírito sempre esteve presente na Secretaria da Educação do Estado de São Paulo (Seduc-SP), mas foi potencializado nesses últimos tempos, dado o senso de urgência de nosso trabalho e a certeza de que, sem a educação, jamais conseguiremos superar a crise que enfrentamos.

Por isso, escolhi abrir este livro abordando as principais e mais importantes políticas que desenvolvemos durante a pandemia de Covid-19, nos 39 meses em que estive à frente da Secretaria da Educação do Estado de São Paulo (Seduc-SP), sob o comando do então governador João Doria. São relatos que trazem consigo a essência do que acredito ser uma gestão pública de qualidade, cujo aprendizado, fruto da experiência, vai além desses tempos difíceis que estamos vivendo, de modo que pode servir de auxílio e inspiração a gestores da educação pública nos mais diversos cantos e contextos.

Afinal, em qualquer momento o trabalho com a educação pública será urgente e desafiador. A pandemia apenas tornou isso mais evidente.

Preparação para a pandemia

Sobre as ações desenvolvidas no contexto da pandemia, muito se fala daquelas aplicadas após a suspensão das atividades presenciais nas escolas. Deve-se ressaltar, porém, que já adiantávamos e implementávamos medidas enquanto as unidades escolares ainda funcionavam presencialmente.

Em 25 fevereiro de 2020, ocorreu em São Paulo o diagnóstico do primeiro caso de Covid-19 no Brasil, o que levou o governador João Doria a criar o *Centro de Contingência do Coronavírus*, com o propósito de monitorar e coordenar as ações de combate à propagação do vírus, o que nos permitiu uma mobilização rápida para implementar, entre os dias 2 e 6 de março, a Semana do Dia D.

A Semana Dia do D consistiu em um importante momento de orientações e esclarecimentos às escolas sobre a Covid-19, por meio de palestras com especialistas e rodas de conversa que traziam e circulavam informações sobre os riscos, os sintomas e as principais formas de prevenção da doença. Também criamos e distribuímos conteúdos educativos sobre o assunto a estudantes e seus familiares, tanto por meio de materiais impressos quanto por plataformas virtuais, como o site e o canal do YouTube oficiais do Governo do Estado e até mesmo por envio de mensagens de SMS e WhatsApp. Ao mesmo tempo, realizamos uma videoconferência com todas as 91 diretorias de ensino da rede estadual, com o objetivo de instruir e capacitar os profissionais em torno das primeiras ações que estávamos implementando.

O primeiro passo consistiu, portanto, na busca pela conscientização de todos os atores envolvidos no processo educacional. Em um momento no qual ainda havia muitas dúvidas e ansiedades, fez-se fundamental que a Seduc-SP demonstrasse controle da situação e cuidado com a vida dos profissionais, dos estudantes e de seus familiares. Vale sempre ressaltar que estamos falando de mais de 3,5 milhões de crianças e jovens matriculados em nossas escolas, bem como de mais de 250 mil profissionais em atuação em toda a rede. Quando informamos e orientamos toda essa população, mesmo que ainda em um cenário de muitas incertezas, criamos uma forte rede de conscientização que extrapola o ambiente escolar e alcança toda a sociedade – algo essencial em tempos de desinformação e *fake news*.

No dia 13 de março de 2020, o Governo de São Paulo publicou o decreto n. 64.862, que anunciou a suspensão das aulas da rede estadual de ensino. Estabelecemos, porém, o período de 16 a 23 de março para a adoção gradual da medida, de forma que o atendimento aos estudantes mais vulneráveis não fosse interrompido de uma hora para outra e pudéssemos, durante esse período de transição, estudar e colocar em curso medidas que garantissem o atendimento aos jovens e às crianças da rede.

Foi também no dia 16 de março que participei de uma videoconferência com o Secretário Estadual da Saúde, José Henrique German Ferreira; a presidente da Undime-SP, Márcia Bernardes; o presidente do Conselho Estadual da Educação de São Paulo, Hubert Alquéres; e o Secretário da Educação do município de São Paulo, Bruno Caetano. A conversa, transmitida a prefeitos, secretários municipais de educação, dirigentes regionais, supervisores e diretores escolares, foi um dos primeiros momentos em que tratamos das ações relativas ao ensino remoto – cuja legislação, que permitiria a sua instauração no estado, viria a ser votada apenas dois dias depois pelo Conselho Estadual de Educação de São Paulo. Na época, pensávamos em ações paliativas e emergenciais, pois, embora soubéssemos da gravidade da situação, ainda não imaginávamos que perduraria por tanto tempo, não apenas em São Paulo, mas em todo o Brasil.

Trago essas datas para reforçar como ações de tamanhos impacto, complexidade e importância foram realizadas em poucos dias. Não havia tempo a perder, pois, além da educação e da saúde, questões básicas como a segurança alimentar de crianças e jovens estavam em jogo. Tanto que, no dia 25 de março, anunciamos o lançamento do programa *Merenda em Casa*, que passou a ofertar, a partir do mês seguinte, no dia 7 de abril, alimentação a mais de 770 mil estudantes em situação de vulnerabilidade da rede estadual de São

Paulo. O Programa consistiu no repasse de R$ 55 por estudante para a compra de alimentos, contemplando cerca de 20% dos estudantes da rede, de modo que, até dezembro de 2020, já havia sido investidos mais de R$ 345 milhões nesse benefício.

No dia 4 de abril de 2020, inaugurávamos o *Centro de Mídias da Educação de São Paulo* (CMSP), para a implementação das aulas remotas mediadas por tecnologia. Com acesso gratuito e pacote de dados de internet patrocinado, estudantes, professores e servidores tiveram, por meio do CMSP, a principal ferramenta de ensino durante a pandemia. Tanto que, ainda em 2020, foi premiado pelo Banco Interamericano de Desenvolvimento (BID) como uma das seis melhores iniciativas inovadoras da América Latina e do Caribe. Acostumados ao pincel e à lousa branca, professores aprenderam rapidamente a utilizar a internet de uma forma diferente voltada ao ensino, com muita criatividade e demonstração de amor à profissão e aos alunos.

Sabemos que não há novidade em oferecer educação por meio de uma plataforma virtual em um mundo onde o celular e o computador tomaram conta de nossas vidas. Contudo, uma coisa é oferecer conteúdo em formato digital; outra é promover aulas e formações com base em um conceito moderno, síncrono, participativo e interativo, que permita que mais de 210 mil profissionais de uma rede aprendam em conjunto e, no dia seguinte, por meio dessa mesma plataforma, coloquem em prática esse aprendizado com o objetivo de ensinar, com maior qualidade e eficiência, mais de 3,5 milhões de estudantes.

Além do aplicativo, as aulas também passaram a ser veiculadas por meio dos canais de televisão aberta TV Educação e TV Univesp, frutos de uma parceria que firmamos com a TV Cultura - um investimento que se deu principalmente por conta da quase onipresença de aparelhos de televisão nos lares de São Paulo[2]. Além disso, as aulas também puderam ser acessadas por meio das páginas do Centro Mídias em redes sociais, aberta ao público em geral.

Entre as ações pautadas na tecnologia durante o período da pandemia, o Centro de Mídias é certamente a mais relevante. Tanto que, neste livro, reservo um capítulo especial a esse projeto que não é exclusivo de São Paulo, mas perpassa por toda a minha carreira como gestor educacional, desde a secretaria do Amazonas e do Ministério da Educação. Vale salientar que essa experiência, que acumulei em momentos distintos de minha atuação profissional junto a uma equipe técnica de trabalho incansavelmente comprometida, foi indispensável para construirmos, logo no início da pandemia, a plataforma do Centro de Mídias no tempo recorde de praticamente duas semanas.

Sendo assim, podemos afirmar que menos de um mês após a interrupção das atividades presenciais escolares já tínhamos à disposição uma ferramenta capaz de promover e apoiar a educação em um contexto tão adverso. Ao mesmo tempo que nos encontrávamos satisfeitos e animados com a velocidade com que conseguíamos contornar parte dos obstáculos, não pode-

---

[2] Uma pesquisa amostral do Cetic.br demonstrou que 97,4% dos domicílios no estado de SP contam com pelo menos um aparelho de televisão.

ríamos ser ingênuos ao imaginar que a educação que ofertávamos sob essas condições ainda não seria bastante impactada. Nem todos os professores estavam preparados para promoverem, de uma hora para outra, um ensino mediado por tecnologia, bem como muitos estudantes, principalmente aqueles mais carentes e vulneráveis, tinham poucas condições de acompanhar as aulas e continuar seus estudos em casa.

Sabíamos que, em nosso horizonte, era inevitável que despontasse um aumento da defasagem de aprendizagem e da evasão escolar. Ameaça essa que, porém, ainda se mostrava um tanto turva, pois carecia de uma mensuração mais precisa para que pudéssemos desenvolver e implementar ações adequadas de intervenção. Outras ferramentas se faziam necessárias.

Informações para corrigir os rumos

As medidas que desenvolvemos para mitigar os impactos da pandemia na educação fazem parte do *Programa de Recuperação e Aprofundamento*, que reuniu seis frentes de ação: currículo, tecnologia, material didático, formação, acompanhamento pedagógico e avaliação.

Todas essas frentes precisavam estar articuladas umas às outras. Sem tecnologia, por exemplo, seria impensável aplicar com sucesso qualquer uma das demais; por outro lado, só poderíamos construir materiais didáticos eficientes, avaliar, acompanhar a aprendizagem e capacitar professores para um ensino com ênfase naquilo que é essencial se antes realizássemos um trabalho de priorização curricular. Portanto, em primeiro lugar, implementamos as bases tecnológicas que nos permitiram executar ações em um momento adverso de trabalho e ensino remotos, como o Centro de Mídias de São Paulo e, posteriormente, a Plataforma de Atividades e Avaliação Formativa de São Paulo, espaço virtual desenvolvido com o apoio do Centro de Políticas Públicas e Avaliação da Educação da Universidade Federal de Juiz de Fora (CAEd/UFJF), pela qual foram realizadas e difundidas ações para a verificação da aprendizagem e o acompanhamento pedagógico de todos os estudantes da rede.

Todavia, tanto o Centro de Mídias quanto a Plataforma de São Paulo não cumpririam o seu papel sem que elencássemos o conjunto de habilidades essenciais que deveriam ser contempladas nas formações de professores, nas aulas, nos materiais didáticos e nas avaliações educacionais. O que se criou, portanto, com todas essas frentes, foi uma grande engrenagem sustentada pela tecnologia e pautada no pedagógico, retroalimentada pelas informações geradas a partir dos resultados dos estudantes nas avaliações educacionais. Aqui, acredito que seja necessário inserirmos um parêntese para destacarmos do que se tratava exatamente esse conjunto de avaliações e atividades de verificação da aprendizagem que aplicamos por meio da Plataforma.

Quando se fala em avaliação em São Paulo, costuma vir logo à cabeça o *Sistema de Avaliação do Rendimento Escolar do Estado de São Paulo* (SARESP), aplicado desde 1996 para verificar o cumprimento das expectativas de aprendizagem dos estudantes em diferentes ciclos escolares. O SARESP possui enorme importância para a construção de diagnósticos que visam ao planejamento e ao replanejamento dos anos letivos, tanto no nível da rede como um todo quanto das regionais e suas escolas. Falarei um pouco mais sobre ele no Capítulo 9, específico sobre as avaliações educacionais. No ano de 2020, porém, com a interrupção das atividades presenciais, não conseguiríamos realizar uma avaliação presencial desse porte sem colocar em risco a saúde e a segurança de professores, estudantes e suas famílias. Além disso, precisávamos, naquele momento, de uma avaliação diferente, mais próxima do professor ou da professora, que permitisse o acompanhamento da evolução dos estudantes ao longo do curso escolar, não apenas ao fim de um ciclo, de tal maneira que medidas de intervenção pudessem ser pensadas e implementadas em tempo hábil. Como tudo que foi desenvolvido nesse período, necessitávamos de avaliações cujo formato e propósito exprimissem a urgência gerada pela pandemia.

Sendo assim, no lugar do SARESP, direcionamos nosso foco às Avaliações Diagnósticas e Processuais que já aplicávamos, porém com as inovações proporcionadas pela Plataforma de São Paulo e a possibilidade de serem realizadas em formato impresso e digital. Também oferecemos atividades escolares que colocaram os estudantes em contato com habilidades essenciais que ainda não haviam desenvolvido, as quais chamamos de *Sequências Digitais de Atividades*, aplicadas geralmente via *smartphone* e computador.[3] Em

---

[3] Para estudantes com maiores dificuldades de acesso aos dispositivos necessários, adaptamos as Sequências Digitais para o formato impresso, para que ninguém ficasse de fora.

suma, apostamos no modelo de Avaliação Formativa, por meio do qual gestores e professores têm acesso aos resultados de seus estudantes após um curto período de tempo, o que permite corrigir rumos e aplicar intervenções na gestão e no ensino com maior rapidez e ao longo do período letivo.

Começamos com foco em língua portuguesa e matemática e, logo depois, avançamos também para os componentes curriculares das Ciências Humanas e das Ciências da Natureza, abrangendo desde o 1º ano do ensino fundamental até a 3º série ano do ensino médio. Na primeira avaliação processual que realizamos por meio da Plataforma de Atividades e Avaliação Formativa, em parceria com o CAEd/UFJF, alcançamos o feito notável de mais de 2 milhões de estudantes avaliados. Os resultados de cada um desses estudantes, por sua vez, iluminaram o caminho a ser percorrido por gestores e professores, que puderam, em meio a tantas dúvidas e incertezas, conceber e implementar ações com base em dados de desempenho em habilidades prioritárias do currículo.

Além de facilitar a realização das avaliações e atividades propostas, a Plataforma também trouxe algumas novidades importantes. Refiro-me a uma nova forma de divulgação de resultados para gestores, professores e estudantes, que fez com que os instrumentos se tornassem mais inteligíveis e seu uso, facilitado. Por exemplo, um dado muito importante que criamos foi o indicador de defasagem, que aponta quais estudantes exigem maior atenção em sala de aula, por demonstrarem ainda não ter desenvolvido habilidades básicas e indispensáveis de anos escolares anteriores.⁴ Além de outros recursos de orientação pedagógica e acompanhamento dos resultados, também ofertamos, por meio dessa Plataforma, um desenvolvimento profissional voltado à formação em exercício de professores e gestores.

Essa capacitação foi desenhada como um itinerário formativo de 90 horas, todo realizado em ambiente digital e com foco em três dimensões absolutamente fundamentais de um processo de avaliação educacional: a apropriação dos instrumentos avaliativos, a interpretação dos resultados e a gestão do currículo escolar. Sabemos que não basta apenas disponibilizar ferramentas sofisticadas a nossos profissionais, é necessário também criar condições para que as compreendam e possam fazer um uso adequado e eficiente delas.

Além de permitir acompanhar o desenvolvimento de nossos estudantes em habilidades fundamentais para o seu percurso escolar, as avaliações e atividades também ajudaram a manter a criança e o jovem mais próximo da escola e de seus professores. Ao passo disso, o estudante que não realizava a avaliação ou a atividade proposta passava a ser identificado como alguém que exigia maior atenção da rede e da escola, de modo que o seu elo com o ambiente escolar fosse reforçado e o aluno não terminasse se evadindo das salas de aulas. Isso porque é inegável que o distanciamento

---

⁴ As avaliações e as sequências de atividades são organizadas em diferentes blocos de itens. Um desses blocos diz respeito às habilidades de marcos de desenvolvimento anteriores, que são justamente aquelas mais básicas, sem as quais o estudante terá muita dificuldade de prosseguir com seus estudos. Logo, a criança ou o jovem que erra em parte ou completamente os itens desse bloco precisa de uma atenção maior em sala de aula e é justamente essa informação que o indicador de defasagem aponta.

físico em relação a professores e colegas desestimulou muitos estudantes, principalmente quando em condições de vulnerabilidade e contando com menos recursos e apoio em seus lares.

* * *

Falamos com frequência dos efeitos da pandemia na educação dos estudantes, principalmente na rede pública. Afirmamos que são imensos. Contudo, qual seria exatamente esse impacto? Afinal, para vencermos o desafio, é necessário ter uma noção mais clara do tamanho do obstáculo a ser superado.

As avaliações e atividades formativas que aplicamos lançaram luz sobre habilidades importantes que precisavam ser reforçadas por professores em suas práticas pedagógicas, mas não eram capazes de nos fornecer um diagnóstico tão preciso sobre o nível de aprendizagem, principalmente se o propósito era comparar com o que tínhamos alcançado em épocas anteriores. Diferentemente do SARESP, as avaliações e atividades realizadas durante o período da pandemia não seguiram critérios rígidos de logística e sigilo de aplicação, pois, além de isso ser algo quase impossível por conta das exigências de isolamento social, sempre fez parte de nossos objetivos propiciar maior flexibilidade e liberdade aos estudantes nesse momento.

Sendo assim, em março de 2021, ao mesmo tempo que se dava o movimento de retorno às salas de aulas, resolvemos dar outro passo importante, executando a primeira e mais relevante pesquisa da atualidade sobre os impactos da pandemia de Covid-19 na educação básica da rede pública, em mais uma parceria com o CAED/UFJF. A pesquisa consistiu em uma avaliação diagnóstica amostral aplicada a estudantes ingressos nos 5º e 9º anos do ensino fundamental e na 3º série do ensino médio da rede estadual de São Paulo. Para cada um desses anos escolares, foram avaliados aproximadamente 7 mil estudantes de uma amostra representativa de todos os extratos sociais e regiões do estado, nos componentes curriculares de língua portuguesa e matemática.

Aplicados presencialmente e em formato impresso, os testes foram elaborados de acordo com o currículo estadual e a *Base Nacional Comum Curricular* (BNCC), com itens calibrados nas escalas de proficiência do *Sistema de Avaliação da Educação Básica* (SAEB), as mesmas utilizadas no SARESP. O objetivo era comparar a proficiência desses estudantes, que iniciavam o 5º e o 9º anos do ensino fundamental e o 3º do médio, com a proficiência daqueles que concluíram essas mesmas etapas em 2019.

Tal comparação permitiu que a rede estadual de São Paulo respondesse a uma pergunta fundamental: quanto, em média, esses estudantes precisavam avançar no ano letivo de 2021 para alcançar o mesmo resultado de seus colegas de dois anos antes, de modo a não haver queda na aprendizagem?

Verificamos que, em relação a 2019, os estudantes possuíam defasagens de um a dois anos escolares. Por exemplo, a criança do 5º ano de nossa rede estadual tinha um desempenho inferior ao que havia alcançado um ano antes em Matemática, ao concluir o 3º ano do ensino fundamental, enquanto em Língua Portuguesa a aprendizagem se mantinha apenas um pouco maior. Os números também revelaram que o jovem que iniciava, em 2021, o 3º ano do ensino médio desenvolveu, em média, menos competências e habilidades de matemática do que aquele que concluía o 9º ano em 2019. No caso de Língua Portuguesa, esse estudante ainda se encontrava um pouco à frente.

Ou seja, os esforços que empreendemos em 2020, no que diz respeito ao ensino, foram para que os estudantes ou se mantivessem estáveis ou não apresentassem uma queda tão grande na aprendizagem. O ambiente escolar e a presença do professor ou da professora revelaram-se imprescindíveis, principalmente em Matemática e nos anos iniciais do Ensino Fundamental, em que as defasagens saltavam mais aos olhos. A pesquisa, portanto, reforçou a importância de algo que já vínhamos planejamento desde o início da pandemia e colocávamos em prática naquele momento: a necessidade de um retorno seguro e gradual das atividades escolares presenciais.

Planejando o retorno às salas de aula

Em 28 de março de 2021, publiquei um artigo no jornal *Folha de S. Paulo*, intitulado "Escola essencial para sempre", no qual celebrei a medida assinada pelo Governador João Doria que reconhecia a educação básica no estado de São Paulo como uma atividade essencial para qualquer fim. A ação reforçou para todos os contextos algo que já vigorava desde dezembro do ano anterior, quando decidimos que, independentemente da fase de combate à pandemia em que o estado se encontrasse, as escolas públicas deveriam funcionar de alguma maneira, pois prestam serviços indispensáveis à sociedade.

Assim escrevi: "As escolas abertas contribuem para a segurança alimentar dos mais pobres, para a socialização, a saúde mental, a integridade física e a proteção social dos estudantes. Sem educação não há ciência, não há medicina, não há vida. Portanto, precisa ser essencial"[5]. Por outro lado, lamentei a falta de interesse da sociedade para com a educação durante todo esse período, pois, ao mesmo tempo que as pessoas compravam a briga da praia, do bar, da academia e do comércio abertos, conformavam-se com as escolas fechadas e a legião de crianças e jovens que se acumulava na retaguarda da aprendizagem.

É absolutamente compreensível que estudantes, familiares, professores e demais profissionais se sintam inseguros e reticentes para retornarem às salas de aula enquanto o vírus continua a se espalhar e provocar tantas mortes. No entanto, não podemos aceitar a falta de disposição e de engajamento da sociedade para discutir, ao menos, um modelo possível em que a escola estivesse presente na vida de nossas crianças e de nossos jovens de uma forma que fosse além do ensino remoto. Nem mesmo os melhores professores e gestores do mundo são capazes de promover um ensino ideal sem o acolhimento do espaço físico da escola e a cumplicidade de uma relação próxima e humanizada entre educador e educando.

---

[5] Disponível em: https://www1.folha.uol.com.br/educacao/2021/03/escola--essencial-para-sempre.shtml. Acesso em 20/08/2021.

Além dos impactos na aprendizagem que demonstramos por meio da pesquisa com o CAED/UFJF – os quais acarretam prejuízos que acompanham toda a vida do indivíduo, como o ingresso no ensino superior e o sucesso na vida profissional –, o fechamento das escolas tem consequências psicopedagógicas. Outro estudo realizado por nós, dessa vez em parceria com o Instituto Ayrton Senna, antes da pandemia, revelava que problemas sócio-emocionais em crianças e adolescentes tendem a piorar depois de um longo tempo longe das salas de aula. Já em meados de 2020, outra pesquisa, realizada pelo Instituto Datafolha, apresentava-nos um dado preocupante: 75% dos alunos da rede estadual de São Paulo se mostravam ansiosos, irritados ou tristes durante o isolamento social.

Por isso, embora oficialmente as escolas só tenham sido consideradas essenciais no fim de 2020, desde os primeiros meses da pandemia, já pesquisávamos e planejávamos estratégias para o estabelecimento de uma reabertura segura, com foco, principalmente, nos estudantes mais vulneráveis e com maiores defasagens de aprendizagem. Em setembro de 2020, iniciamos uma abertura gradual das escolas para algumas atividades pontuais, de modo que, em novembro, autorizamos aulas regulares presenciais para o ensino médio e Educação de Jovens e Adultos (EJA), com limitações de quantidade de estudantes por turma. Ambas as etapas foram priorizadas em virtude, primeiramente, do fato de reunirem estudantes mais velhos, que teriam facilidade e maturidade maiores para seguirem os protocolos sanitários e de distanciamento social que estabelecemos; além disso, por representarem uma última etapa do percurso escolar e pelo fato de o EJA agregar jovens e adultos mais vulneráveis, essas etapas tendem a ter índices mais altos de evasão, os quais também poderiam ser impulsionados pela pandemia.

Após essa reabertura em 2020, realizamos, no início do ano seguinte, a recuperação de 140 mil estudantes que não alcançaram o desempenho esperado nas avaliações. Sabíamos que esses eram os alunos que tiveram mais dificuldades em participar do ensino remoto; portanto, seria absolutamente incoerente se promovêssemos uma recuperação da aprendizagem que seguisse o mesmo modelo de ensino. Para garantirmos o futuro dessas crianças e jovens, era crucial que abríssemos as portas das escolas para elas. Sendo assim, priorizamos o atendimento presencial aos estudantes que tiveram os menores índices de frequência ou que não haviam entregue nenhuma atividade durante o ano de 2020. Assegurar o vínculo do estudante com o professor era ainda mais essencial naquele momento.

No que diz respeito à dimensão sócio-emocional, também iniciamos, nesse período, o programa Psicólogos da Educação, que mobilizou mil psicólogos para atuar em todas as escolas de nossa rede, com o objetivo de atender tanto estudantes quanto professores e demais profissionais. O programa oferece 40 mil horas semanais, a partir das quais cada escola tem à disposição entre duas e 20 horas por semana de atendimento, a depender de fatores como o número de estudantes, de turnos e de ocorrências registradas na unidade.

Todas essas ações fizeram parte de um movimento articulado de retorno paulatino às atividades escolares presenciais. Nada foi concebido de forma isolada, de modo que desenhamos nossas estratégias em torno de quatro pontos fundamentais: primeiro, buscar a reabertura para trazer de volta aquele estudante que abandonaria a escola; em segundo lugar, fazer da reabertura um espaço de acolhimento sócio-emocional, principalmente às crianças e aos jovens que viviam o luto ou que passavam por outros dramas decorrentes da pandemia; em terceiro, transformar a escola em um exemplo de comportamento para o combate à Covid-19, no que diz respeito à distribuição e ao uso de máscaras e álcool, bem como ao reforço dos protocolos de higiene e distanciamento social, os quais seriam multiplicados por estudantes e profissionais às suas famílias, além do monitoramento e do rastreamento de casos suspeitos realizados por nossa Comissão Médica; por fim, o quarto ponto refere-se ao principal papel da escola, o pedagógico – ensinar o currículo, reforçando aquilo que o estudante aprendeu no período de ensino remoto e recuperando as aprendizagens essenciais que, por diversas razões, escaparam-lhe.

Esse movimento mais intenso de retorno no início de 2021 convergiu também com um episódio histórico, que ocorreu especificamente em 17 de janeiro. Nesse dia, o estado de São Paulo foi palco da aplicação da primeira vacina contra a Covid-19 no Brasil, a Coronavac, produzida graças à pesquisa científica de ponta do Instituto Butantan e ao trabalho incansável de gestão em saúde pública e diplomacia do governador João Doria, que trouxe a esperança de retorno a tempos normais. Uma esperança também para a área da educação, pois, poucos meses depois, em 10 de abril, éramos o primeiro estado brasileiro a começar a vacinar professores acima de 47 anos; logo depois, em junho, já estávamos imunizando todos os profissionais da educação acima de 18 anos.

Sabemos, porém, que, antes de a vacinação avançar, o início de 2021 foi o período mais duro de toda a pandemia no Brasil. Se não fosse o movimento iniciado por João Doria no estado de São Paulo, tenho certeza de que teríamos vivido uma tragédia ainda maior. Quero destacar aqui também um outro fator muito importante no combate à pandemia, que é o funcionamento presencial das escolas. Costuma-se citar muitas pesquisas que indicam que escolas abertas não aumentam a transmissão do vírus,[6] e esse é um ponto importante de se reforçar, mas não pode ser o único. Precisamos ir além. Quando funciona com base em diretrizes e protocolos claros, em um processo realizado por meio de uma gestão eficiente e responsável, escolas abertas também salvam vidas.

Na escola, o estudante encontra-se em um ambiente seguro e controlado, onde regras importantes prevalecem. Lá dentro, ele será advertido quanto ao uso da máscara, à higienização das mãos e ao distancia-

---

[6] A título de exemplo, um estudo realizado em parceria com a Seduc-SP, financiado pelo Banco Interamericano de Desenvolvimento (BID) e conduzido por pesquisadores do Center for *Child Well-Being and Development* (CCWD) da Universidade de Zurique, na Suíça, apontou que a reabertura das escolas para atividades presenciais facultativas no estado de São Paulo, no ano de 2020, não aumentou o número de casos nem de mortes por Covid-19.

mento de seus colegas sempre que necessário. Seria muita ingenuidade acreditar que essas regras teriam a mesma força se a criança ou o jovem estivesse, neste momento, em casa ou nas ruas. A escola, portanto, promoveu um ambiente seguro a milhares de estudantes do estado de São Paulo, reforçou práticas e comportamentos também exigidos fora dela e garantiu educação aos mais vulneráveis que, em vez das salas de aulas, poderiam estar atuando no trabalho informal incompatível com a sua etapa de desenvolvimento ou sendo aliciados pelo crime.

Enquanto avançávamos para o último trimestre de 2021, a vacinação no estado de São Paulo alcançava adultos de todas as faixas etárias e adolescentes de até 12 anos. Na educação, atingimos a marca espetacular de 99% dos profissionais da rede estadual com pelo menos a primeira dose da vacina e mais de 60% com as duas doses ou dose única. Não havia dúvidas de que nossas escolas estavam preparadas para receber todos os estudantes da rede. Assim, em 18 de outubro tivemos retomada obrigatória dos estudantes às aulas presenciais para as redes estadual, municipais e privada vinculadas ao Conselho Estadual de Educação. A partir de 3 de novembro, ampliamos o acesso e a frequência dos estudantes da educação básica à unidade escolar para 100% dos estudantes presentes simultaneamente. Além da retomada da aprendizagem, um dos grandes desafios é garantir que crianças e jovens permaneçam na escola – principalmente os mais velhos, que tendem a se sentir desestimulados e podem migrar, de vez, para o mercado de trabalho.

Uma das maiores causas da evasão escolar é, portanto, a pobreza, a qual sabemos que aumentou consideravelmente durante a pandemia. Por isso, não poderia deixar de citar uma ação importantíssima do governo de São Paulo, o Bolsa Povo, que perpassa por diversas dimensões da administração pública, sendo a educação uma delas.

Em linhas gerais, o projeto tem duas vertentes: uma cujo público-alvo são os responsáveis legais dos estudantes, que passam a receber uma bolsa de R$ 500 mensais para desenvolver atividades em alguma escola da rede estadual de ensino, a uma carga horária de 20 horas semanais; e outra com foco nos próprios estudantes, do ensino médio e do 9º ano do fundamental[7]. A ação prevê o pagamento de até R$1 mil, proporcional aos meses do ano letivo cursado, e tem como objetivos principais a recuperação da aprendizagem e o combate à evasão escolar. O pagamento da bolsa está condicionado à frequência escolar mínima de 80%, à dedicação de duas a três horas de estudos pelo aplicativo do Centro de Mídias e à participação nas avaliações formativas. Os estudantes da 3ª série do Ensino Médio devem ainda realizar atividades preparatórias para o Exame Nacional do Ensino Médio (ENEM).

Os objetivos de uma política como essa são bastante claros: fortalecer o vínculo da família com a escola e

---

[7] Para participar do programa, os estudantes do 9º ano do ensino fundamental precisam estar inscritos no Cadastro Único, que agrega dados e informações de todas as famílias de baixa renda no país para fins de inclusão em programas de assistência social e redistribuição de renda. Os jovens do 9º ano inscritos no Cadastro Único encontram-se, portanto, em situação de vulnerabilidade e com maiores riscos de abandonar a escola.

a permanência do estudante em sala de aula, além de, claro, reforçar a renda das famílias em um momento de forte desemprego. Mas havia outras questões urgentes e ainda mais básicas para as quais a Seduc-SP também deveria agir.

Ainda em setembro de 2021, para combater a fome que se agravava em consequência da pandemia, anunciamos o programa Merenda Extra. No total, são até R$ 424 milhões investidos na ação, que faz parte da política de alimentação suplementar implantada pela Secretaria da Educação no período de pandemia e pós-pandêmico.

Os mais de 700 mil estudantes da rede estadual de São Paulo na faixa da pobreza ou da extrema pobreza, passaram a poder se alimentar na escola e levar uma marmita para casa ao final do turno de aula. No caso dos estudantes de tempo integral, os lanches ganharam reforço. E quanto àqueles do turno noturno, além da refeição na escola, começaram a receber um kit de alimentação para levar para casa, composto de arroz, feijão, carne e outros itens.

Estamos falando de algo extremamente básico a qualquer ser humano, que é poder se alimentar com dignidade. Sendo assim, é de se imaginar que outras demandas tão básicas como essa também sofreriam impacto e exigiriam alguma ação de nossa parte. O que dizer, por exemplo, das dificuldades enfrentadas por mais de 1,3 milhão de meninas e adolescentes da rede estadual de São de Paulo, em fase do ciclo menstrual, para adquirir itens de uso pessoal mensal? Pensando nelas, instituímos o Programa Dignidade Íntima, que, via PDDE Paulista, enviou entre julho de 2021 e maio de 2022 R$ 65 milhões para as mais de 5 mil escolas da nossa rede poderem adquirir absorventes femininos. Além de promover acesso a um item tão importante, o programa reforçou o elo das estudantes com a escola e ajudou a combater a evasão escolar, já que muitas poderiam, com toda a razão, faltar às aulas por vergonha de sair de casa sem dispor de condições mínimas de higiene pessoal.

* * *

Neste primeiro capítulo, descrevi e detalhei estratégias fundamentais para a promoção da educação pública no momento adverso da pandemia de Covid-19.

Com a vacinação avançada, as escolas reabertas e políticas públicas em funcionamento, as perspectivas atuais são bastante positivas. É fato que algumas incertezas ainda persistem, porém prefiro apostar numa visão otimista do futuro, fundamentada nas muitas vitórias que conquistamos desde que esse desafio se fez presente em nossas vidas.

Somos, hoje, muito mais fortes e capacitados do que éramos no início de 2020. Caso surjam novos desafios, tenho a certeza de que estaremos preparados.

CAPÍTULO 2
O universal e o local:
políticas de educação indígena na
Secretaria do Amazonas

Uma retrospectiva de minha trajetória como gestor educacional começa pelo estado do Amazonas, estado que abriga 18,3% do território nacional. O Amazonas oferece desafios singulares para a gestão, não apenas pela dimensão e vastidão geográfica. As estradas são, literalmente, os rios. Dos 62 municípios do Amazonas, apenas nove têm acesso por estradas, a partir de Manaus, o que levanta um sem-número de obstáculos em termos de logística e deslocamento. Mas um outro aspecto tão importante quanto as características geográficas é a sua diversidade étnica e cultural. Tema cada vez mais emergente no âmbito da educação atualmente, a diversidade cultural manifesta-se, no Amazonas, especialmente no que diz respeito ao tema da educação indígena. A especificidade de cada etnia, com sua história e sua língua, exige uma atenção especial do ponto de vista educacional, de modo que políticas públicas centradas em uma imagem da escola urbana, com características bem conhecidas pelos gestores educacionais, costumam ser insuficientes e inadequadas para atender às necessidades indígenas. Ao mesmo tempo, uma preocupação constante é garantir direitos educacionais a todas as crianças e jovens. Universalismo e generalidade, de um lado, especificidade e localismo, de outro. O Amazonas possui uma população de mais de 800 mil indígenas, pertencentes a mais de 300 etnias distintas. É o estado do Brasil com maior número de indígenas. São inúmeras línguas indígenas em uso. E uma língua é muito mais do que um léxico. É uma cosmologia, uma cultura, uma forma de ver o mundo. E eu, por minha vez, estava apenas começando a ser gestor.

Tínhamos mais de 50 mil alunos indígenas matriculados em nossa rede, escolas indígenas em regiões de difícil acesso, muitas vezes, isoladas, com problemas de muitas naturezas distintas, de infraestrutura a currículo. Também eram necessários materiais específicos em cada língua e representativos dessas visões de mundo, formação de professores, escolas com estruturas e características específicas, horários e lógicas de funcionamento diferenciados. A necessidade de levar em consideração, em cada detalhe da política educacional, as especificidades indígenas pode assustar um gestor em começo de trajetória. Os livros não nos ensinam a lidar com as tensões entre a teoria acerca das políticas públicas e sua implementação efetiva em cenários multiculturais, como no caso do Amazonas. Essas tensões, entre o geral e o local, podem ser mais desafiadoras do que sugere uma solução que aponta para uma espécie de caminho do meio, híbrido.

Para que uma educação de qualidade seja oferecida e levada às diferentes etnias indígenas, em suas diferentes localidades, um conjunto de esforços muito maior do que se pode supor precisa ser realizado. E tudo envolve negociação, a criação de um espaço de diálogo entre a secretaria de educação e os representantes das etnias. O ponto de partida é o reconhecimento de que elas não são iguais. A diversidade indígena não existe apenas em relação aos "brancos". As etnias são distintas entre si e não podem ser plenamente reunidas apenas pelo rótulo de "indígenas". Evidentemente, isso tem consequências para o desenho e a implementação de políticas públicas.

Uma das principais demandas da educação indígena no Brasil, inclusive, é justamente que existam políticas públicas, de Estado, não de governo, destinadas a ela. Mais do que isso, a educação indígena demanda ser tratada como política pública. Isso significa não permanecer dependente de ações pontuais, conduzidas por organizações não governamentais e filantrópicas. Por mais louvável que esse trabalho possa ser e por mais que possa gerar bons resultados, ele permanece limitado, isolado, pontual. A educação indígena, para se efetivar como uma realidade no país, precisa ser tratada como uma política do Estado, portanto, contínua, planejada e universalizante (no sentido de que toda a população indígena deve ser atendida, não apenas uma parte dela). Esse era o aspecto mais desafiador na Secretaria de Educação do Amazonas (Seduc-AM), no que tange à educação indígena no momento em que assumi a sua titularidade, em 2012.

A construção das escolas indígenas

Havia muito trabalho, muitos desafios e recursos limitados. É a regra geral de uma gestão educacional nos entes federados no Brasil. Isso, claro, exigia soluções criativas, mas, acima de tudo, eficazes. Era preciso ser cirúrgico em relação às políticas educacionais, todas elas, mas, em especial, as relativas às populações indígenas. De saída, havia o tema das escolas indígenas. Em um estado tão amplo, com pouca densidade demográfica, muitas comunidades permaneciam isoladas, distantes, e sem uma escola (a estrutura física propriamente dita) que as atendesse. As localizações dessas comunidades eram o ponto central para se pensar em uma política de construção de escolas indígenas. Na época, a Seduc-AM oferecia apoio para dezesseis municípios e 83 localidades no estado em relação à educação escolar indígena, em várias áreas: Amaturá, Atalaia do Norte, Barreirinha, Benjamin Constant, Borba, Humaitá, Jutaí, Manicoré, Maués, Nhamundá, Parintins, São Paulo de Oliveira, Santa Isabel do Rio Negro, Santo Antônio do Içá, São Gabriel da Cachoeira, Tabatinga e Tonantins. Tudo isso exigiu projetos específicos. Um deles tinha parceria com o Governo Federal para a construção de escolas, mas estava parado havia muitos anos. Como as escolas já deveriam ter sido construídas àquela altura, a secretaria levou à frente um programa com esse propósito, tratando-as como tratadas como prioritárias. Eram escolas espalhadas por todo o estado: da comunidade tradicional do Feijoal, na região de Tabatinga, a São Gabriel da Cachoeira – escolas em diferentes comunidades indígenas. Foram construídas escolas também com recurso próprio do estado e nos deparamos com o problema do transporte de materiais: eles poderiam levar dezenas de dias para chegar, por via fluvial, às comunidades de destino de modo que, muitas vezes, os materiais eram transportados por avião. Em outros casos, utilizamos as soluções criativas que mencionei: adotamos arquitetura e formas diferentes para a construção das escolas. Para isso, empregamos outros tipos de materiais utilizados na construção de alvenaria, mais leves e, portanto, mais fáceis de serem transportados até as comunidades. Na época, não tivemos um suporte aéreo massivo por parte do Exército para realizar esse tipo de ação, de modo que os rios continuaram a ser a única opção para o transporte dos materiais.

Do ponto de vista jurídico e administrativo, esses materiais diferentes exigiam contratos específicos com empresas de logística, pois implicavam itens singulares, não apenas em relação aos materiais utilizados, mas também no que diz respeito ao transporte. Por exemplo, lembro-me de contratos por meio dos quais os próprios indígenas eram contratados pela empresa de logística para auxílio no processo de transporte dos materiais. Grandes embarcações, utilizadas no transporte pelos rios caudalosos do Amazonas, não eram capazes de chegar a algumas localidades, de modo que foi necessário realizar o transporte por meio de embarcações menores, que recolhiam o material em determinada altura do rio e o levava para as comunidades, seu destino final. Havia lugares, por sua vez, que exigiam a via aérea: a alimentação escolar e os materiais para a construção das escolas não poderiam chegar por via fluvial, visto que seria necessário passar por muita quedas d'água, inviabilizando o percurso. Todo esse processo exigiu, também, uma negociação contínua com as lideranças indígenas. Entre 2012 e 2016, o estado mais do que dobrou o número de escolas indígenas, o que já era uma vitória para o Amazonas.

O Sadeam e a avaliação em Língua Ticuna

A construção de escolas não era a única frente na qual precisávamos atuar. Infraestrutura é necessária, mas não suficiente. Toda a equipe da secretaria sabia que, para avançarmos na oferta de uma educação indígena de qualidade, tomada como política pública, precisaríamos ir além das escolas construídas. A preocupação com a qualidade do ensino ofertado, e, portanto, com a garantia da aprendizagem dos alunos, já era um tema fundamental na agenda educacional brasileira, encarnada, por exemplo, na expansão dos sistemas próprios de avaliação educacional. O Sistema de Avaliação do Desempenho Educacional do Amazonas (Sadeam) exerce esse papel e, em 2012, tornamo-nos o único estado brasileiro a ter uma avaliação em larga escala com instrumentos em linguagem indígena (um piloto, para o povo Ticuna, em Benjamin Constant). A educação indígena, percebíamos, era comparada com a educação regular, isto é, as escolas não indígenas, pela mídia de maneira geral, em especial, diante dos resultados do Índice de Desenvolvimento da Educação

Básica (Ideb) e do Exame Nacional do Ensino Médio (ENEM). Era uma comparação muito simplista entre os alunos de diferentes etnias, que frequentam diferentes tipos de escola. Um estudante indígena, alfabetizado na língua de sua comunidade – o que é um direito dele e um dever dos gestores públicos –, era julgado, muitas vezes, como um aluno de baixo desempenho em língua portuguesa, uma língua que, para ele, não era aprendida no âmbito de suas relações familiares e comunitárias. Como avaliar seu desempenho da mesma forma que um aluno que foi alfabetizado em língua portuguesa e a fala como língua materna? Isso não fazia sentido. Esse é, inclusive, outro ponto nodal da educação indígena, que sempre nos preocupou na Secretaria do Amazonas: ofertar aos alunos indígenas professores em sua língua materna. Daí veio a preocupação com o Sadeam: diante de um sistema de avaliação estadual, por que não oferecer testes em língua materna para que pudéssemos produzir análises mais profundas e ajustadas acerca do desempenho desses alunos? O que diriam os resultados se fizéssemos isso? Entendemos que os estudantes se sentiriam mais confortáveis e menos pressionados diante de uma avaliação realizada em sua própria língua. Além disso, importante frisar, os testes não eram apenas uma tradução direta e literal, para a língua materna, a partir da língua portuguesa. Tratava-se de uma tradução cultural, pautada pelo conhecimento dos indígenas.

Um exemplo desse trabalho: imaginem um item em um teste de Física que use um elevador em sua construção (a velocidade de deslocamento do elevador de um ponto A para um ponto B, digamos). Muitos indígenas nunca saíram de suas comunidades, de modo que elevador não faz parte do campo semântico de suas línguas maternas. Como esse aluno poderia entender o que a questão pedia? A tradução não poderia ser literal. Por isso, o primeiro grande desafio em relação a essa ação foi encontrar especialistas em linguística para analisar as línguas nas quais a aplicação do teste poderia ocorrer, como foi o caso da língua ticuna. A Seduc-AM, então, contratou especialistas em linguagem que pudessem fazer uma tradução mais profunda, levando em conta os aspectos culturais e os conhecimentos dos indígenas. Esse foi um grande desafio à época, enfrentado por meio da parceria com a UFJF. Além disso, foi necessário preparar uma logística específica de aplicação dos testes, a qual considerasse, igualmente, sua língua materna. Um dos pontos fundamentais para o sucesso de um sistema de avaliação educacional é explicar para os alunos a importância dos testes e isso tinha que ser feito na língua ticuna.

A elaboração dos itens dos testes também mereceu atenção especial. A equipe de especialistas do CAEd/UFJF, com quem a Seduc-AM mantinha uma parceria para a execução das ações do Sadeam, elaborou os itens seguindo sua expertise para tanto. A equipe foi, também, acompanhada por especialistas do projeto Pirayawara, que davam assistência quanto a especificidades da cultura indígena sempre que necessário. Tudo isso esteve ligado, também, a outra ação da secretaria, a criação do primeiro conselho deliberativo para questões indígenas do Brasil. A criação do conselho, a retomada do projeto Pirayawara e os testes em Língua Ticuna no Sadeam caminharam juntos como parte do processo de valorização da educação indígena no estado do Amazonas e foram elementos centrais para as políticas educacionais que estávamos desenvolvendo à época.

O Pirayawara

O projeto Pirayawara, de magistério indígena no estado do Amazonas, foi conduzido em parceria com a Universidade Federal do Amazonas (UFAM) e também apresentou dificuldades de execução em virtude dos já mencionados problemas relacionados às características geográficas do Estado. Uma parte dos participantes do projeto ia até Manaus, a partir de suas localidades, ao passo que parte dos formadores se deslocava até as cidades dos participantes para melhorar o processo de formação. Além disso, alguns encontros ocorreram pela mediação tecnológica da educação à distância, o que exigiu o envolvimento de diversos atores e setores da secretaria, além de outras instituições.

O Pirayawara não é um programa recente. Trata-se do primeiro programa de formação de professores do Amazonas, com ações iniciadas no final dos anos 1990. Contudo, ele não possuía protagonismo, tampouco recebia a devida atenção no âmbito das políticas educacionais do Estado. Foi pela luta dos próprios povos indígenas que o programa passou a ganhar mais visibilidade e espaço na agenda educacional no Amazonas. É um exemplo que mostra a importância da construção da agenda de uma política pública, de como é fundamental que os atores que nela têm interesse sejam capazes de fortalecer sua atuação política como grupo, passando a demandar o governo sobre questões que os afetam.

A estrutura do programa é muito interessante, dividida em nove etapas. O projeto foi regulamentado pelo Conselho Estadual de Educação Indígena do Amazonas e apresentava carga horária de 5.600 horas, das quais 4.010 eram presenciais, 1.190 eram não presenciais e 400 horas eram destinadas ao estágio. Estamos diante de um curso com duração de, mais ou menos, quatro anos e meio. Enquanto estive na secretaria, professores oriundos de 38 municípios e de 51 povos indígenas fizeram parte do programa. Da primeira à sexta etapas, o trabalho se dá com conteúdos relacionados à formação inicial na educação básica, sempre relacionados ao aluno indígena, mas seguindo as diretrizes da política de educação básica como um todo. Da sétima à última etapas, o foco é o ensino médio, mas não o regular, como estamos habituados a ver. Trata-se de um ensino médio voltado à formação de professores; por isso, a ideia do Pirayawara como magistério indígena no Amazonas. Além disso, um grande diferencial do programa é, além de dar formação completa para o participante, abarcando todas as etapas da educação básica, formar, ao fim de todas as etapas, um profissional já pronto para o trabalho. Homens e mulheres que serão professores de outros indígenas. É um programa que, por suas características e a dos que dele participam, funciona como, simultaneamente, formação inicial e formação continuada, pois os participantes, em sua maioria, já estavam dando aulas antes do início do programa. Eram pessoas que já estavam nas comunidades, nas aldeias. Por dominarem a escrita e a leitura, assumiam a função de professores, mesmo sem a formação para tanto, formação essa que era exatamente o que o Pirayawara fornecia. Um exemplo de como o programa funcionava como formação continuada. Havia professores que já possuíam o Ensino Médio, cursado em escolas não indígenas, portanto, com formação fora do programa. Todavia, o Pirayawara possui uma abordagem teórico-metodológica específica. Assim, esses professores, mesmo tendo formação, não a tinham, especificamente, para o trabalho proposto pelo programa. Para eles, os conteúdos do Piraywara não eram relativos a uma formação inicial, mas à formação continuada.

Como precisávamos de professores que falassem as línguas indígenas e muitos deles não possuíam formação, o programa teve como foco a realização de um trabalho forte com os professores que já estavam assumindo as aulas, por meio de contrato, muitas vezes indicados pela própria comunidade indígena como aptos a exercer essa função. Esse foi um ponto muito importante do projeto, que diz respeito à educação indígena como um todo: respeitar as necessidades e a voz dos povos indígenas na seleção de professores ajustados à sua cultura. Pensem no trabalho e no comprometimento exigidos por um programa dessa natureza! Para se ter uma ideia, pensemos no estágio supervisionado que fazia parte do programa. O professor orientador saía de Manaus em direção a São Gabriel da Cachoeira, viajando de barco, pegando uma voadeira até chegar ao Areté, região da Cabeça do Cachorro, no extremo noroeste do Amazonas. O orientador ficava de 30 a 45 dias na aldeia, acompanhando os trabalhos e a prática do professor. Esse é um dos muitos exemplos que mostram a complexidade do Pirayawara.

Aliás, esse sempre foi um aspecto fundamental do programa: ser formador tanto do professor de ensino fundamental quanto do de ensino médio, o que dá ao Pirayawara um caráter singular. Trata-se de um projeto modular: há um período presencial e outro não presencial, momento em que os participantes do projeto, que são professores, estão em sala de aula, em suas comunidades. Os formadores do projeto vão às aldeias para realizar acompanhamento pedagógico, monitorar as ações dos professores, verificar como as aulas estão ocorrendo e realizar reuniões com a comunidade e dando orientações pedagógicas.

Um elemento interessante do Pirayawara foi a inclusão de ex-alunos do projeto como formadores. Isso gerou uma espécie de círculo virtuoso, por meio do qual os frutos do projeto acabaram por beneficiar e engrandecer o próprio projeto. O tema da formação de professores, não apenas para escolas indígenas, sempre foi nodal no estado do Amazonas. Há uma defasagem considerável de formação docente. Por isso, não foi simples encontrar professores que tivessem formação adequada para contribuir com esse projeto. A participação de ex-alunos no Pirayawara diz muito sobre a importância dessa formação e do projeto como um todo.

Mesmo com um projeto de formação de professores específicos para a educação indígena, entendemos ser necessário algo mais para que uma política dessa natureza ganhasse corpo. Como estimular os professores a permanecer atuando nas escolas indígenas e como atrair novos professores interessados? Para lidar com esses aspectos, em 2015, foi feita uma revisão do plano de carreira. Por meio dela, ficou estabelecida a concessão de uma bonificação, no valor de 5%, para os professores que atuavam em escolas indígenas. No total, mais de 300 professores foram contemplados, mesmo os não indígenas que trabalhavam em escolas indígenas. Esse incentivo e a busca pela valorização dos professores da educação indígena faziam parte de um plano mais amplo, de valorização de todos os professores do Amazonas. No entanto, essa valorização específica no âmbito da educação indígena foi uma forma de lançar luz sobre a preocupação do estado em relação a esse tema.

Há ainda um ponto importante no que diz respeito à formação de professores indígenas no estado do Amazonas: a cooperação entre os entes federados. O Pirayawara é de responsabilidade do Estado, sua oferta, sua certificação. Do ponto de vista legal, a educação escolar indígena é responsabilidade do Estado. No entanto, o Amazonas, novamente em função de suas características geográficas, exige formas distintas de enfrentamento de determinados problemas. Isso fez com que o estado estabelecesse parcerias e contasse com o apoio e a ação de vários municípios, com capilaridade muito maior do que a do próprio estado. Seguindo a estrutura da educação não indígena, no estado do Amazonas a educação indígena no ensino fundamental 1 foi atendida pelos municípios, ao passo que o ensino fundamental 2 e o ensino médio ficaram sob a responsabilidade estadual. A própria abertura de novas turmas para o programa passava pela colaboração entre estado e municípios. Para o Ensino Fundamental, da primeira à sexta etapas, a demanda é sempre grande e contínua. Entre 2012 e 2016, o Pirayawara qualificou mais de 4.300 professores para a atuação no magistério indígena.

O material didático era outro desafio para a educação indígena. Partilhávamos uma concepção de educação intercultural, defendendo a ideia de que os alunos indígenas deveriam adquirir também conhecimentos não indígenas e a eles ter acesso, integrando-os aos conhecimentos indígenas (em especial no ensino médio). A partir disso, investimos na construção e no uso de materiais feitos pelos e para os indígenas, especificamente, os quais foram, essencialmente, paradidáticos, em especial para o Ensino Fundamental 2 e para o Ensino Médio. Muitos dos materiais feitos pelos professores ao longo do Pirayawara ganharam as salas de aula indígenas, e esse é mais um dos pontos a favor do programa. Isso não excluiu o uso de materiais distribuídos pelo Ministério da Educação (MEC), principalmente do 1º ao 5º anos do Ensino Fundamental.

O Conselho Escolar de Educação Indígena

O intuito de construir uma política educacional que atendesse às especificidades dos povos indígenas passava pelo reconhecimento da necessidade de fortalecer a educação indígena em várias frentes, incluindo a própria Seduc-AM. Havia um *Conselho Escolar de Educação Indígena* dentro da secretaria, mas ele era um órgão consultivo. Em 2013, o Conselho mudou seu status, passando a ser normativo e autônomo. Antes, o órgão se reunia esporadicamente para debater temas associados à educação indígena, mas as questões extraídas desses debates não levavam a algum tipo de deliberação no âmbito da secretaria, permanecendo restritas à esfera do próprio Conselho. As conversas com os povos indígenas levaram à percepção acerca da necessidade de alterar a natureza desse Conselho e de como isso poderia ser importante para a educação indígena no estado.

Queríamos valorizar os povos indígenas e sua imensa riqueza cultural, discutir a formação docente e a construção de um currículo próprio para a sua educação. Mudar a natureza do Conselho foi fator decisivo para uma completa alteração na perspectiva em relação ao enfrentamento desses temas. O Conselho Estadual de Educação possui um grande número de demandas e passa pela construção de uma agenda na qual temas de diferentes naturezas disputam prestígio e preeminência, sobrando pouco espaço para os temas específicos da educação indígena. O *Conselho Escolar de Educação Indígena* tinha muitos representantes dos povos, com uma voz ativa em relação ao que eles desejam em termos educacionais. Sem dúvida, do ponto de vista da constituição de uma política estadual para a educação indígena, a transformação da natureza desse Conselho foi fundamental, influenciando diretamente na aprovação, por exemplo, da Matriz Intercultural, em 2014, para os ensinos fundamental e médio. As nossas escolas indígenas operavam sem uma matriz que orientasse seu trabalho. Não somente a Matriz, mas todos os documentos relacionados à educação indígena produzidos após a criação do conselho, passaram por seu crivo.

Ainda hoje é difícil mensurar a importância da Matriz Intercultural, tanto do ponto de vista pedagógico quanto do político, como afirmação, para a educação indígena no Amazonas. Ela foi resultado de muitas conferências e debates no âmbito federal e passou a ser a base de todo o trabalho com a educação escolar indígena no estado. O que a Matriz trouxe de diferente, em especial, foi uma mudança epistemológica, visto que, antes dela, os temas do multiculturalismo e do respeito a diferentes sistemas de valores permanecia como integrante da parte diversificada, portanto flexível, do currículo. Depois da Matriz, tais temas se tornaram a base dos princípios metodológicos da educação indígena, à qual os conteúdos da BNCC se vinculam, por exemplo. Essa é uma diferença muito significativa: de complemento, o multiculturalismo passou a ser referência; a partir dele, complementos são pensados. A Matriz Intercultural tornou-se o princípio norteador do ensino e da aprendizagem na educação escolar indígena do estado.

Em minha passagem pela Seduc-AM, pude perceber que a causa indígena, de maneira geral – e a educação está incluída nesse processo – é gestada e administrada pelos indígenas. Evidentemente, a secretaria de educação atua conduzindo esse processo como órgão do Estado, e essa é sua responsabilidade, mas não é possível fazer isso sem a participação dos indígenas. Por isso, não basta uma inclusão protocolar desses povos no processo de tomada de decisão relativo às políticas educacionais. Sua inclusão precisa ser real, efetiva, o que significa dizer que eles precisam ser ouvidos e envolvidos nas decisões que dizem respeito à educação indígena. Tudo isso exige diálogo, negociação, aproximação. Não se constrói uma política educacional indígena do dia para a noite, ainda mais diante de cenários em que não havia uma experiência pregressa consolidada nesse sentido. É impossível realizar uma política educacional para os povos indígenas baseada em uma separação estanque entre o *nós* e o *eles*. Ao mesmo tempo, é preciso reconhecer que a aproximação e o diálogo precisam ser reais, não ornamentais. Todas as ações desenvolvidas na Seduc-AM, ao longo do período em que lá estive, foram pensadas nesses termos e reconhecendo essa necessidade. Não apenas o conteúdo das ações em si, mas a forma como foram pensadas e implementadas.

Os atores, na Secretaria de Educação, que foram destinados a esse trabalho, por exemplo, eram pessoas com história, experiência e afinidade com o tema da educação indígena. Eram os casos de Alva Rosa e Regina Marieta, entre tantos outros servidores, às quais faço aqui referência justamente pelo papel que lá desempenharam na busca ininterrupta pela garantia de uma educação indígena de qualidade, a partir de uma visão que partia dos próprios povos indígenas. A elas, meu agradecimento, extensivo à equipe como um todo (se não os nomeio um a um é por falta de espaço nessas linhas).

Do Pirayawara ao piloto com o povo Ticuna no Sadeam, o que buscamos foi uma inclusão efetiva dos povos indígenas nos processos decisórios, cujos efeitos se manifestariam na educação escolar oferecida a suas comunidades. A mudança de natureza do Conselho Escolar de Educação Indígena talvez seja o passo mais representativo dado nessa direção: a voz do indígena não como inclusão protocolar no processo, mas como reconhecimento do protagonismo que os povos indígenas precisam ter no que diz respeito à educação que desejam e merecem receber.

Refletindo sobre isso enquanto escrevo essas linhas, não posso afirmar que todos os efeitos desejados com essas ações tenham sido alcançados no Amazonas, mas, ao fazer essa retrospectiva, reforço a convicção de que o caminho para uma educação de qualidade ajustada às necessidades dos povos indígenas não pode abrir mão de incluí-los como parte fundamental desse processo. E foi isso que nós fizemos no Amazonas.

CAPÍTULO 3

Construindo consensos:
a homologação da
Base Nacional Comum Curricular

Não é exagero apontar o currículo não apenas como um dos temas centrais da educação – seja no âmbito da pesquisa educacional, seja no bojo das políticas públicas –, mas também como um dos mais espinhosos. Disputado, o currículo é o instrumento que incorpora as expectativas em torno da aprendizagem e do desenvolvimento dos alunos, sendo o centro em torno do qual orbitam todas as ações educacionais. Antes de começar minha carreira na gestão educacional, sempre tive uma relação distante, tímida, com o currículo. Era algo formal, um documento que, como estudante, eu não conhecia diretamente, apenas por meio de meus professores e suas aulas. Creio que muitos estudantes se sentem assim. Eu não fazia ideia de quão complexos eram os processos em torno de um currículo, nem da dificuldade de operar nele uma mudança.

Isso sem falar nas polêmicas que envolvem o documento. A começar pela sua nacionalização. Tento sempre, como gestor, encontrar o caminho que harmonize a necessidade de políticas destinadas a todos os estudantes, portanto, caracterizadas por sua universalidade, com o reconhecimento das especificidades de grupos e de contextos. Talvez seja esse um dos grandes desafios da gestão: encontrar esse equilíbrio e compreender que esses dois aspectos, a universalidade e a especificidade, não necessariamente se contradizem. Reconheço a necessidade de políticas educacionais específicas, atentas aos matizes locais, mas, quando penso em direito à educação, no direito do aluno a uma educação de qualidade, penso em garanti-lo, indistintamente, a todo e qualquer aluno. A discussão específica, sobre cada um dos conteúdos previstos pelo currículo, envolve outro tipo de enfrentamento, que se aprofunda em cada uma das áreas do conhecimento. Se o currículo deve prever esse ou aquele conteúdo numa dada disciplina, essa é uma discussão para os especialistas. Entretanto, se a comunidade especializada prevê que determinado conteúdo deverá fazer parte do currículo obrigatório, minha defesa vai na direção de que ele deve ser garantido a todo e qualquer aluno brasileiro. É mais acertado dizer, na verdade, que minha defesa caminha no sentido do desenvolvimento das mesmas habilidades.

Isso não significa, evidentemente, que determinados conteúdos não façam mais ou menos sentido de acordo com o contexto. O Brasil é um país heterogêneo, culturalmente diversificado, produzindo e exigindo conhecimentos distintos em cada uma de suas regiões. No entanto, o direito de aprender é o mesmo para todos os alunos. Por isso, a linguagem das habilidades e competências é mais ajustada do que aquela dos conteúdos para conduzir a discussão sobre um currículo nacional. Habilidades e competências que a escola se propõe a desenvolver em qualquer aluno brasileiro, mesmo que os conteúdos variem de acordo com as necessidades locais.

Um dos maiores divisores de água da história da educação básica brasileira é a construção e implementação da Base Nacional Comum Curricular (BNCC). Não escondo meu orgulho em dizer que um capítulo tão importante para a educação em nosso país fez parte da minha trajetória profissional, pois participei de sua linha de frente em diferentes momentos. Como Secretário Estadual de Educação do Amazonas, pude participar, em 2015, das discussões que precederam a elaboração do documento inicial da BNCC, cujas críticas e sugestões foram decisivas para que pudesse, entre 2016 e 2018, como Secretário da Educação Básica do MEC e Ministro da Educação, participar da sua finalização e homologação. Posteriormente, à frente da Secretaria da Educação do Estado de São Paulo, tive o prazer de integrar o trabalho que fez com que São Paulo se tornasse o primeiro estado brasileiro a desenvolver um currículo alinhado à Base Nacional e ao Novo Ensino Médio.

A BNCC foi amplamente discutida ao longo de alguns anos, sendo necessárias três versões para chegarmos à redação final. Como bem sabemos, a Base agrega um conjunto de normas orgânicas e progressivas de aprendizagem a serem seguidas durante a educação básica. Sendo assim, seu objetivo é estabelecer competências, habilidades e conhecimentos essenciais que precisam ser garantidos a estudantes da educação infantil e dos ensinos fundamental e médio no Brasil.

Diferentemente de um currículo obrigatório, a estruturação de referências não prejudica as autonomias das redes e das unidades de ensino, o que permite contextualizações e adaptações aos projetos pedagógicos de cada lugar. No documento final da BNCC, estão estabelecidas dez competências gerais a serem aplicadas durante o percurso da educação básica: conhecimento; comunicação; cultura digital; trabalho e projeto de vida; pensamento científico, crítico e criativo; repertório cultural; argumentação; autoconhecimento e autocuidado; empatia e cooperação; e responsabilidade e cidadania. Além de contemplar novas dimensões da aprendizagem dos estudantes, também foram apontadas mudanças na formação de professores, de forma inicial e continuada, junto a uma reestruturação do material didático, focando em abordagens interdisciplinares, com o intuito de que o novo currículo dialogasse com o que é exigido no ENEM.

O caminho até a implementação da BNCC

Conforme já destaquei, estive presente em momentos decisivos da construção e da implementação da BNCC. No entanto, a jornada até a homologação da Base foi bastante longa e, obviamente, não começou comigo. Basta lembrarmos que a Constituição Federal de 1988 já previa uma base curricular comum e, desde aquela época, era sinalizada a necessidade de fixar conteúdos mínimos para a educação básica, com o objetivo de assegurar uma formação de qualidade para todos.

Comecemos, então, com uma breve cronologia dos eventos. Com a aprovação da Lei de Diretrizes e Bases da Educação Nacional (LDBEN), em 1996, foi regulamentada uma proposta de base nacional comum para a educação básica. Em 1997, foram implementados os Parâmetros Curriculares Nacionais (PCN) para estudantes do 1º ao 5º anos do ensino fundamental e, no ano seguinte, para os do 6º ao 9º anos. A etapa posterior, divulgada em 2000, passou também a englobar o ensino médio.

Depois do lançamento das Diretrizes Curriculares Nacionais para a Educação Infantil, de 2009, e para o ensino fundamental, em 2011, as discussões passaram a ser direcionadas à necessidade de uma Base Nacional Comum Curricular dentro do Plano Nacional de Educação (PNE). Esse movimento ganhou ainda mais forças em 2015, com a realização do I Seminário Interinstitucional para elaboração da BNCC, no qual tive uma participação importante nas condições de Secretário de Educação do Amazonas e Vice-presidente do Conselho Nacional de Secretários de Educação (Consed) no que diz respeito principalmente ao trabalho de diálogo e articulação das redes com a Secretaria de Educação Básica (SEB) do MEC, responsável pela condução da proposta da Base, junto também com o apoio indispensável da União Nacional dos Dirigentes Municipais de Educação (Undime). A partir desse encontro, foram nomeados os 116 membros da Comissão de Especialistas para a Elaboração de Proposta da Base

Nacional Comum Curricular, de modo que, três meses depois, a primeira versão da BNCC já era divulgada.

Essa primeira versão foi publicada no Portal da Base para que fosse avaliada e recebesse contribuições de diferentes setores da sociedade brasileira. De acordo com os dados que o próprio MEC divulgou na época, foram mais de 12 milhões de contribuições na sua primeira versão. Ao todo, mais de 300 mil cadastros chegaram a ser registrados no Portal, dos quais 207 mil pertenciam a professores. Todo esse fluxo intenso de contribuições permitiu que a segunda versão da BNCC fosse publicada em maio de 2016, para que uma nova rodada de análises e debates se iniciasse,[1] o que, por sua vez, conduziu a novas incorporações ao seu conteúdo. Esse processo permitiu que uma terceira versão do documento começasse a ser concebida.

Foi durante esse processo, em maio de 2016, que assumi a SEB do MEC, sob o comando do Ministro Mendonça Filho. Dar continuidade às discussões sobre a BNCC e permitir que seus aperfeiçoamentos fossem implementados, sem que isso ocorresse de forma apressada e tampouco lenta, eram parte dos desafios que me eram exigidos naquele momento. Posso afirmar que fomos extremamente bem-sucedidos nesse propósito, pois, pouco mais de um ano depois, em dezembro de 2017, vivíamos o momento histórico de homologação da Base Nacional Comum Curricular da Educação Infantil e do Ensino Fundamental. Como a

---

[1] Para se ter uma ideia, mais de 9 mil professores discutiram a segunda versão do documento em seminários organizados pelo Consed e pela Undime.

reforma para o Novo Ensino Médio ainda estava em discussão, a BNCC referente a essa etapa seria aprovada no final de 2018, quando eu já atuava como Ministro da Educação.

Dois dias depois da homologação da BNCC da educação infantil e do ensino fundamental, criamos, com apoio do Conselho Nacional de Educação (CNE), do Consed e da Undime, um Guia que orientava a sua implementação pelas redes e escolas do país. Como as redes possuíam autonomia para a realização desse trabalho, nosso objetivo era promover um direcionamento, de modo que os atores educacionais tivessem um ponto de partida comum e referências importantes na hora de realizar o seu percurso próprio de alinhamento curricular à BNCC.

Entendo que não poderíamos simplesmente depositar a responsabilidade de reestruturação dos currículos nas redes do país, de modo que realizassem todo o trabalho por conta própria e de uma hora para outra. No período em que ocupei o cargo de Secretário de Educação Básica e de Ministro da Educação, reuni esforços para dar apoio às equipes dos estados e dos municípios na implementação de seus currículos alinhados à BNCC. Em abril de 2018, já como Ministro, criei o Programa de Apoio à Implementação da Base Nacional Comum Curricular (ProBNCC), com o objetivo de fornecer apoio técnico e financeiro às redes, liberando mais de R$ 100 milhões em recursos para estados e municípios. O dinheiro serviria para distribuição de materiais, formação continuada de professores e realização das adequações dos currículos.

Sabíamos que a BNCC não cumpriria o seu papel tão caro ao futuro de nosso país se não houvesse uma forte participação da sociedade, principalmente dos atores educacionais. Por isso, ao longo de sua implementação, realizamos diversas consultas públicas com o objetivo de determinar indicadores e metas e fomentar a participação da comunidade. Obviamente, professores estavam mais envolvidos do que a sociedade em geral, porém, estudantes, pais, sindicatos e conselhos, os quais representam a comunidade escolar como um todo, também tiveram uma participação bastante ativa no processo.

As consultas seguiram em quatro etapas. A primeira envolveu a equipe estadual ProBNCC, composta por coordenadores estaduais, equipe de currículo, analistas de gestão e articuladores dos regimes colaborativos. Na segunda, foram incluídos representantes regionais para que, num terceiro momento, entrassem em cena os municípios com suas secretarias e conselhos. Esses profissionais, tanto no nível regional quanto municipal, foram responsáveis por direcionar as ações do ProBNCC, auxiliar no caso de eventuais dúvidas e incentivar a participação da comunidade nas consultas públicas. Por fim, na quarta etapa, a atuação das escolas incluiu professores, gestores escolares, estudantes e seus responsáveis.

As principais mudanças em relação ao primeiro documento

Como já sabemos, a publicação da BNCC contou com a colaboração de inúmeros profissionais da educação. A partir de sua publicação, em abril de 2016, a sociedade, de forma geral, passou a ser incentivada a participar das decisões. Quando a segunda versão foi lançada, eu ainda ocupava os cargos de Secretário de Estado de Educação do Amazonas e de vice-presidente do Consed, de modo que fui responsável por apresentar o documento para a imprensa junto com o então Ministro da Educação, Aloízio Mercadante.

Naquele momento, tivemos a oportunidade de mostrar importantes alterações realizadas no documento da Base, mas ainda estávamos longe de finalizá-lo. Isso porque outras mudanças essenciais ainda seriam executadas entre a segunda e a terceira versões, apresentadas em 2016 e 2017, respectivamente, quando eu já atuava como Secretário de Educação Básica no MEC. Sobre essas últimas modificações, é importante destacarmos algumas transformações que liderei.

Uma delas diz respeito ao período máximo em que as crianças deveriam ser plenamente alfabetizadas. Para tomar essa decisão, alguns programas serviram de inspiração. A principal influência foi um grande projeto da rede estadual do Ceará, que merecia destaque, o Programa Alfabetização na Idade Certa (Paic), criado em 2007. O Paic foi responsável pela redução do número de crianças não alfabetizadas até o 2º ano do ensino fundamental nas escolas públicas cearenses, o que levou o estado a se tornar referência no assunto, de modo que teve participação fundamental na elaboração da parte de alfabetização da BNCC.

O sucesso do modelo cearense nos fez buscar algo parecido. Afinal, a alfabetização das crianças sempre foi um assunto muito caro para nós da área da educação. Até 2016, as diretrizes básicas indicavam que a alfabetização deveria acontecer até o fim do 3º ano do ensino fundamental, porém, a partir de 2017, mudamos esse limite para o 2º ano. Neste momento, ainda não temos dados específicos sobre os impactos dessa política, mas não há dúvidas de que trará resultados muito positivos para o futuro de nossas crianças.

No documento de 2017, também foram incluídos parâmetros sobre direitos de aprendizagem para crianças menores de seis anos. Nossa intenção sempre foi possibilitar que as dez competências que estabelecemos ao longo da educação básica fossem cumpridas e, para isso, precisávamos assegurar uma base bem consolidada. Pensando nisso, definimos eixos estruturantes para o desenvolvimento na primeira etapa de ensino, levando em conta as necessidades de cada fase da Educação Infantil. Para que as crianças pudessem aprender e se desenvolver, conseguimos garantir seis direitos de aprendizado, que incluem conviver, brincar, participar, explorar, expressar e conhecer-se.

Os primeiros anos da vida de uma criança são cruciais para seu processo de evolução e, por isso, era necessário pensar não apenas no progresso escolar como também no crescimento individual. Além das diretrizes de aprendizagem, estipulamos mais cinco campos de experiências, cada um deles tendo recebido um título relacionado ao que seria desenvolvido: O eu, o outro e nós; Corpo, gestos e movimentos; Traços, sons, cores e formas; Escuta, fala, pensamento e imaginação; e Espaços, tempos, quantidades, relações e transformações.

A complexidade de lidar com crianças em fases de aprendizagem tão distintas nos levou a dividir esses estágios de desenvolvimento em grupos por faixa etária. Até os seis anos de idade, entendemos que é preciso criar condições para que as crianças aprimorem a coordenação motora e, principalmente, para que se adaptem bem ao ambiente e ao convívio com colegas e atores envolvidos na escola. De acordo com os objetivos específicos que traçamos para cada faixa, os bebês de até um ano e meio seriam estimulados a explorar os sons produzidos com objetos e com o próprio corpo. O segundo grupo, que nós chamamos de "crianças bem pequenas", engloba idades entre um ano e sete meses e quatro anos incompletos. Nas diretrizes da BNCC, acrescentamos o uso de instrumentos musicais para a aprendizagem dos ritmos e, na última faixa etária do programa para menores de seis anos, também foram incluídas encenações e criação de brincadeiras para aflorar a imaginação.

Mais tarde, em 2018, atuando como ministro da educação e em parceria com a Undime, garanti a revisão dos Parâmetros de Qualidade da Educação Infantil, de modo que esse documento, que parametriza as ações da oferta da etapa de educação infantil nos territórios, estivesse alinhado às novas orientações da BNCC, bem como sua supervisão, monitoramento e avaliação.

Ao finalizarmos esses ajustes na Educação Infantil, ficou ainda mais evidente que o processo até o desenvolvimento completo das habilidades que estipulamos para a BNCC seria longo. Para lidar com esses desafios, criamos metas específicas e contextualizadas, respeitando a necessidade de aumentos progressivos das demandas cognitivas desde o ensino fundamental até o ensino médio.

Um exemplo notório dessa organização é o método de aperfeiçoamento de leitura, oralidade e escrita. Fizemos uma articulação muito bem estruturada para que houvesse diversidade de gêneros textuais e de temáticas em todos os anos dos ensinos Fundamental e Médio, mas sempre seguindo o crescimento sucessivo das habilidades dos estudantes. Assim, os níveis de compreensão e reflexão dos textos vão progredindo de acordo com o avanço das séries na escola. A fim de otimizar ainda mais esse processo, incentivamos a participação dos estudantes em atividades de leitura, para que, de forma prática, pudessem acessar outras culturas e aumentar o repertório.

Os materiais didáticos também exigiram bastante atenção. Depois da aprovação do texto final da BNCC, ficou combinado que as revisões de livros didáticos seriam sempre acompanhadas pelo MEC. Mostrava-se claramente a necessidade de um período de adaptação e, por isso, o acervo dos livros escolhidos para o triênio 2018 a 2020 foi mantido. Vale destacar que o edital do Plano Nacional do Livro e Material Didático (PNLD) de 2018 já previa que os livros adquiridos pelo MEC e entregues às instituições de educação infantil e anos iniciais do ensino fundamental já estivessem de acordo com a terceira versão da BNCC para o ano letivo de 2019. No ano seguinte, foram divulgadas as diretrizes para os materiais da segunda etapa do ensino fundamental.

O conteúdo das disciplinas foi a principal mudança entre as versões da BNCC. Tendo em vista que a sociedade vinha se transformando, nos últimos tempos, com extrema rapidez, entendemos que seria necessário seguir esse fluxo se quiséssemos oferecer uma formação de qualidade para nossos estudantes.

Até 2016, já havíamos adicionado à disciplina de língua portuguesa discussões sobre literatura regional e autores contemporâneos e indicações de leitura para sala de aula. Em 2017, já na terceira versão da BNCC, fizemos outros ajustes, sendo o mais evidente deles a mudança em relação a outros idiomas. Antes, a escolha da língua estrangeira ficava a cargo da escola, porém, com o novo documento, a Língua Inglesa passou a ser obrigatória a partir do 6º ano do Ensino Fundamental. Os conteúdos de matemática e história também foram ampliados, e a área de ciências da natureza passou a ser mais específica em relação aos objetivos de cada item da proposta. O maior desafio em relação aos conteúdos foi, sem dúvidas, a etapa do ensino médio, que se concretizou em 2018.

Mantivemos a definição da LDBEN, que tornou obrigatórias as áreas de linguagens e matemática durante os três anos do ensino médio. As disciplinas de língua estrangeira, história, artes, educação física e cultura afro-brasileira e Indígena também já eram obrigatórias, mas sem a necessidade de serem oferecidas em todos os anos. A principal diferença para a BNCC foi que as áreas de Ciências Humanas e da Natureza também passam a fazer parte do currículo base do ensino médio.

Com isso, a última etapa da educação básica passou a ser dividida em quatro áreas: Linguagens e suas Tecnologias; Matemática e suas Tecnologias; Ciências Humanas e Sociais Aplicadas; Ciências da Natureza e suas Tecnologias. Neste ano de 2021, todos os 26 estados brasileiros e o Distrito Federal já alinharam seus referenciais curriculares à BNCC da educação infantil e do ensino fundamental[2]. Quanto às redes municipais, até maio de 2020, 54% do total de 5.569 municípios brasileiros possuíam currículos alinhados à Base, e 27% do total estavam em processo de homologação de seus currículos.

Ainda não podemos afirmar com precisão quando todos os estados terão condições de implementar, na prática, os currículos adequados à BNCC, mas as perspectivas são otimistas, de modo que a ideia é que isso ocorra ainda em 2022. No estado de São Paulo, já colocamos em prática uma novidade muito importante, a oferta de itinerários formativos, como a Formação Técnica e Profissional (FTP), que vai aumentar bastante a qualificação de nossos estudantes no momento em que concluírem o seu percurso escolar e ingressarem no mercado de trabalho.

A experiência no Amazonas e o pioneirismo de São Paulo

Como Secretário de Educação do Amazonas, participei das discussões em diferentes versões da BNCC, o que foi fundamental para que chegássemos a uma

---

[2] Até setembro de 2021, 16 das 27 unidades federativas possuíam currículos aprovados e homologados. Dos restantes, seis encontram-se em fase final de análise nos Conselhos Estaduais de Educação e cinco em fase final de elaboração para o Ensino Médio.

base curricular mais próxima das demandas da sociedade brasileira dos tempos atuais. Foi justamente essa experiência que, posteriormente, abriu meus horizontes para que pudesse, já como Secretário de São Paulo, reorganizar de forma mais eficiente o currículo do Estado. Por isso, creio ser importante falar, ainda que brevemente, do trabalho que realizei no Amazonas.

O Estado do Amazonas foi um dos primeiros a encaminhar propostas de currículo para o MEC. A consulta pública, por meio de formulários online, foi realizada com educadores de todos os 62 municípios do Estado, de modo que, em agosto de 2018, já havia sido lançada a versão preliminar do Documento Curricular do Amazonas. Entre as contribuições, uma demanda revelou uma particularidade do Amazonas: 89% dos professores indicaram a necessidade de incluir a língua espanhola no currículo do ensino público do estado, dada a sua localização geográfica, que faz fronteira com Venezuela, Colômbia e Peru. Sendo assim, embora no documento da BNCC conste a língua inglesa como disciplina obrigatória nos currículos, a rede do Amazonas optou por também considerar a língua espanhola para currículo do ensino fundamental, o que revela que não apenas foram incorporadas as novidades da Base, como também foram discutidas e implementadas outras propostas condizentes com as particularidades do estado.

Todavia, foi o Estado de São Paulo o primeiro a colocar em prática seu novo currículo alinhado à BNCC e ao Novo Ensino Médio, o qual fora aprovado por unanimidade pelo Conselho Estadual de Educação, em julho de 2020, pouco mais de um ano após iniciar a minha gestão como Secretário de Educação no governo de João Doria. Assim como no Amazonas, tivemos a colaboração de muitas pessoas para a elaboração do documento. Para se ter uma ideia, além das consultas públicas, a proposta contou com a participação direta de 140 mil estudantes e 18 mil professores e seu texto final foi produzido por 27 redatores. Isso mostra que, quando falamos de currículo, ou seja, sobre aquilo que deve ser ensinado para garantir o futuro de nossas crianças e jovens, é indispensável escutar a sociedade, sobretudo a comunidade escolar. Por mais conhecimentos e experiências que tenha um gestor educacional, ele não será bem-sucedido se entender esse processo como um trabalho individual ou restrito a um pequeno grupo de profissionais. Ao escrever estas linhas, vem-me à cabeça todo o processo de reformulação do ensino médio. No entanto, isso merecerá um capítulo à parte. Ao leitor, já pedirei desculpas antecipadas se eu me tornar repetitivo nesse exercício de resgate de minha memória profissional.

As alterações propostas no novo currículo do Estado de São Paulo vão muito além das mudanças de carga horária estipuladas pelo Novo Ensino Médio. O currículo passou a incluir 12 opções de curso e uma carga horária de 3.150 horas, divididas entre os três anos do ensino médio, sendo 1.800 horas destinadas à formação básica e 1.350 horas relativas aos itinerários formativos, os quais são projetos, disciplinas e oficinas que poderão ser escolhidas pelos estudantes ao longo do Ensino Médio. Os alunos têm a liberdade de escolher uma ou duas dentre diferentes possibilidades de Formação Técnica e Profissional (FTP). As escolas têm autonomia para estabelecer quais itinerários serão ofertados, mas cada uma deve, obrigatoriamente, oferecer pelo menos dois.

A definição dos itinerários a serem cursados na última etapa da educação básica antecipa as escolhas dos estudantes em relação às áreas de preferência, o que os coloca mais preparados para tomar decisões relacionadas ao mercado de trabalho e ao ingresso no ensino superior. Por outro lado, tivemos que tomar cuidado para não criar uma ansiedade precoce nesse jovem, de tal maneira que a escolha do itinerário não poderia consistir em um caminho sem volta. Sendo assim, enfatizamos bastante que todos devem ter o direito de trocar de área caso verifique, ao longo dos seus estudos, que o itinerário inicialmente escolhido não estaria de acordo com seus planos e projetos de vida.

São Paulo também é pioneiro na produção de orientações didáticas para a implementação dos aprofundamentos dos Itinerários Formativos, inclusive itinerários integrados de área com a educação profissional técnica e tecnológica. Nosso objetivo é que esse material, construído com os educadores da rede, possam estar disponíveis para outros professores de diferentes redes que desejarem compartilhar dessa produção.

O desafio da formação de professores

A formação docente é uma dificuldade que enfrentamos em muitos projetos e na implementação da BNCC não foi diferente. Em 2017, à frente da SEB do MEC, trabalhei para que fossem incluídas orientações sobre políticas públicas de formação de professores federais, estaduais e municipais, de forma inicial e continuada. Portanto, na data da homologação da versão definitiva da BNCC, entregamos ao CNE a Base Nacional Comum de Formação de Professores, com uma proposta de reformulação do curso de pedagogia e a realização de uma prova nacional como pré-requisito para quem iniciar a docência nas escolas. A ideia era fazer uma revisão da formação inicial das licenciaturas de todos os professores, as quais tiveram suas últimas alterações em 2006, sendo, portanto, muito ultrapassadas em relação ao atual contexto e às demandas atuais do país.

O Brasil, como sabemos, é um país imenso e com muita diversidade, de forma que é difícil pensar em uma política única para qualquer assunto, o que é ainda mais complicado na área da educação. No caso do estado do Amazonas, por exemplo, a discussão sobre a capacitação dos docentes é ainda mais importante, em virtude de sua realidade geográfica, com unidades e redes nas quais o acesso é feito somente por meio de barco. Quando eu ainda era secretário, ampliamos um outro programa muito especial, que é o Centro de Mídias de Educação do Amazonas (Cemeam), sobre o qual falarei com mais detalhes adiante. Desde 2007, o Cemeam vem diminuindo as distâncias entre municípios e escolas, permitindo que uma aula realizada em Manaus seja transmitida por teleconferência a mais de 3 mil comunidades de um estado com uma área de aproximadamente 1,5 milhões de quilômetros quadrados.

No estado do Amazonas, para a implementação do currículo compatível com a BNCC, a formação dos professores passou a contar com mais multiplicadores nas redes estaduais e municipais. Os cursos de formação de professores na graduação já têm considerado os parâmetros da BNCC nas áreas de estágio, didática e currículo. O Programa Institucional de Bolsa de Iniciação à Docência, da UFAM, também incentiva o debate sobre a BNCC em eventos e mesas redondas.

Apesar das enormes barreiras, vamos avançando. Além das diretrizes de Formação inicial para todos os professores, aprovadas em dezembro de 2019, conseguimos implementar, em julho de 2020, as diretrizes de formação continuada a nível nacional. Atualmente, estamos aguardando a aprovação das orientações de formação dos gestores escolares, diretores e coordenadores para darmos continuidade ao processo que estamos desenvolvendo no Estado de São Paulo. Nessa etapa de orientação, são levados em conta o perfil que se espera desses profissionais, as recomendações em relação à atuação e as diferentes abordagens para professores dos ensinos fundamental, médio e superior. Com isso, conseguiremos conduzir boas estratégias de organização de carreiras e melhorar a qualidade de trabalho para os professores, elevando, consequentemente, o nível da educação no Brasil.

CAPÍTULO 4
Os desafios da implementação do Novo Ensino Médio

Cada etapa da educação básica apresenta, à sua maneira, um amplo conjunto de dificuldades e desafios. A gestão de uma rede de ensino deixa clara, desde o primeiro dia, essa realidade: da Educação Infantil ao Ensino Médio, os problemas e obstáculos se multiplicam, amalgamando aspectos comuns, que atravessam todas as etapas, e outros que singularizam cada uma delas. Evidentemente, o nível e a amplitude desses problemas variam de acordo com a rede (se municipal ou estadual; se no Amazonas ou em São Paulo), mas é possível extrair algumas lições que se prestam a generalizações. Para quem trabalha ou já trabalhou com a gestão educacional em uma rede estadual, o ensino médio é uma dessas lições.

É difícil precisar qual etapa de escolaridade é mais complexa, exercício que, em regra, vem acompanhado da atribuição de importância a cada uma delas, outro elemento relativo. Não podemos afirmar, com certeza, que a educação infantil, por exemplo, é mais importante do que o ciclo de alfabetização ou do que o Ensino Fundamental. Na verdade, quando refletimos sobre isso, nós, comprometidos com a educação, reconhecemos, em cada uma das etapas, um papel nevrálgico para o alcance dos objetivos previstos, em especial no que diz respeito à aprendizagem e ao desenvolvimento dos alunos. A educação infantil tem sido apontada como fundamental para o desenvolvimento de atitudes e habilidades centrais para a alfabetização, que, por sua vez, é tratada como a base de todo o processo de aprendizagem vindouro. A visão é a de um todo que, mesmo formado por partes, não pode ser reduzido a nenhuma delas. O Ensino Médio depende de um processo de alfabetização bem conduzido, do mesmo modo que apenas a conclusão do ciclo de alfabetização não é suficiente para o tipo de educação que pretendemos oferecer a nossos alunos. Essa visão do todo, inclusive, deveria ser mais incisiva quando pensamos em políticas educacionais e nos objetivos da educação, evitando sobre e subvalorizações. Os objetivos da educação básica, considerando cada uma de suas etapas, caminham (pelo menos, deveriam) para uma mesma direção: a conclusão, com qualidade, dessa etapa de escolaridade, com atenção ao exercício da cidadania e às possibilidades de ingresso no ensino superior e no mercado de trabalho.

Embora essa visão do todo seja necessária para a compreensão dos objetivos da educação e identificação de seus principais problemas, a gestão das redes de ensino coloca desafios de outra natureza. No caso das redes estaduais, pela própria previsão constitucional, o ensino médio é o foco do trabalho da gestão, o cerne de sua responsabilidade e de seu âmbito de atuação. Em todo o país, o primeiro ciclo do ensino fundamental encontra-se, em regra, municipalizado. O segundo ciclo dessa etapa permanece sob a responsabilidade conjunta de estados e municípios, embora, em muitos casos, a responsabilidade seja maior por parte do Estado. Apesar disso, é o Ensino Médio a etapa que mais exige dos estados, por uma série de motivos. Trata-se da etapa de escolaridade prevista constitucionalmente como de responsabilidade dos estados, de maneira exclusiva, sem divisão com os municípios. Além disso, é a etapa final da educação básica, associada ao ingresso (ou não) no ensino superior e no mercado de trabalho, o que significa que o caminho do aluno depois de terminado o ensino médio será fatalmente associado ao seu sucesso ou fracasso nessa última etapa.

Essa expectativa, amplamente difundida por toda a sociedade e estimulada pela mídia, coloca uma pressão muito grande em torno do ensino médio e de suas potencialidades no que tange à aprendizagem dos estudantes, muitas vezes fazendo esquecer que o processo de aprendizagem é cumulativo e vem se desenvolvendo desde o ingresso do aluno na escola. A consequência disso é a atribuição desmedida de responsabilidade, pelo fracasso ou sucesso do aluno concluinte da educação básica (em ingressar no ensino superior e no mercado de trabalho), ao ensino médio. Não que isso signifique que esse ensino não tenha problemas e vicissitudes, mas nem sempre os déficits acumulados em outras etapas são computados no julgamento que se faz dessa etapa final de escolaridade.

Somam-se a isso dois outros fatores. O primeiro diz respeito à complexidade e à diversificação curriculares nessa etapa, que apresenta uma mudança significativa na estrutura das disciplinas, na organização do tempo curricular, na diversidade de conteúdos e nas preocupações colocadas diante dos alunos. O segundo fator está relacionado às características biopsicossociais dos alunos, que veem a escola mudar à medida que sua própria vida, seu corpo e sua mentalidade também mudam substancialmente. A essa mudança nos alunos está associado, por exemplo, o tema da autonomia e do protagonismo juvenil, bases da reforma do Novo Ensino Médio.

Pude sentir, nitidamente, essas características do Ensino Médio, que é uma etapa extremamente complexa e que recebe os holofotes no que diz respeito a cobranças para a gestão das redes estaduais tanto no Amazonas quanto em São Paulo. As ações e políticas direcionadas para o Ensino Fundamental, por exemplo, embora exigidas, cobradas e, eventualmente, criticadas ou aplaudidas, não enfrentam o mesmo grau de exigência e cobrança dirigidas ao ensino médio, o que acaba por tornar essa etapa uma espécie de medidor para a gestão estadual.

A cobrança em torno do Ensino Médio não poderia ser mais aguda. A qualidade da educação é o tema perene que serve de base para o desenvolvimento de políticas educacionais, para a cobrança em torno delas e para o julgamento acerca da efetividade de seus efeitos. Contudo, no caso do ensino médio, em especial, soma-se a isso a preocupação com o desenvolvimento de habilidades, atitudes e comportamentos de outra natureza, para além da cognitiva. Pode-se argumentar que, cada vez mais, essas habilidades estão sendo pensadas, exigidas e desenvolvidas em outras etapas, o que divide opiniões entre os especialistas. Todavia, é nítido que essa cobrança é maior no ensino médio, a ponto de políticas públicas para essa etapa se basearem justamente nisso.

Qualidade, protagonismo juvenil, interdisciplinaridade, autonomia, ensino integral, diálogo com as educações técnica e profissional, transição para o ensino superior e para o mercado de trabalho, desenvolvimento de habilidades sócio-emocionais – tudo isso em três anos de escolaridade e destinado a jovens em transformação, caminhando da adolescência em direção à vida adulta. Não parece pouco. E não é. Equacionar tudo isso no âmbito da gestão educacional de uma rede já é um desafio enorme.

No meu caso, isso foi ampliado: quando a reforma do ensino médio entrou, de fato, na agenda das políticas públicas educacionais no Brasil, eu estava à frente da SEB do MEC. Não bastassem os desafios que eu já enfrentava por ter assumido essa secretaria após minha experiência na Seduc-AM, um dos principais e mais espinhosos temas da educação brasileira agora estava diante de mim.

Em setembro de 2016, foi publicada, pelo então Presidente da República, Michel Temer, a Medida Provisória (MP) n. 746, versando sobre a Reforma do Ensino Médio. Em fevereiro de 2017, a tal MP foi aprovada na forma da lei n. 13.415. À época, lembro-me de ter concedido uma entrevista sobre o assunto, reforçando que, embora o tema estivesse sendo tratado juridicamente naquele momento, os debates em torno dele eram mais antigos, fazendo parte da agenda brasileira havia pelo menos duas décadas. Em 1998, já havíamos tido uma importante referência para esse debate, qual seja, a aprovação das Diretrizes do Ensino Médio. Em 2009, foi a vez do programa ensino médio Inovador, criado para apoiar e incentivar o desenvolvimento de propostas curriculares inovadoras nas escolas dessa etapa de ensino, buscando disseminar a cultura de um currículo dinâmico, flexível e atual com relação às demandas da sociedade. Por sua vez, em 2010, foi criado o Grupo de Trabalho de Reforma do Ensino Médio, no âmbito do Consed. Além disso, tivemos, em 2014, o Plano Nacional da Educação (PNE), com destaque para a estratégia 3.1, que institucionalizou o programa nacional de renovação do ensino médio. Ali, já encontramos algumas diretrizes centrais da reforma: interdisciplinaridade; amálgama entre teoria e prática; e flexibilidade e diversidade curriculares.

Em meio à necessidade de ainda efetivar a universalização do atendimento escolar nessa etapa no país, a proposta de reformulação do Ensino Médio ganhou relevância em virtude de diversos fatores, entre eles, as altas taxas de evasão e distorção idade-série e o baixo desempenho escolar, atestado pela avaliação sistêmica, em especial, pelos resultados do Ideb para essa etapa. Os resultados do *Programme for International Student Assessment* (PISA), em particular, os da edição de 2015, contribuíram ainda mais para o quadro de diagnóstico de baixo desempenho no ensino médio, evidenciando a necessidade de uma reforma emergencial, principalmente no tocante à permanência e ao desempenho dos estudantes.

Eram muitas as frentes a serem consideradas para colocar em cena uma política de reforma de toda uma etapa de escolaridade. Uma das lições que rapidamente qualquer gestor educacional aprende é que as mudanças, para que surtam efeitos, exigem a mobilização de um conjunto significativo de recursos, das mais diferentes naturezas, e não apenas a boa vontade e a dedicação de quem está à frente desse processo. Redes de ensino e escolas são constituídas por uma série de procedimentos, relações, discursos, práticas e técnicas consolidadas ao longo do tempo. Transformar realidades assentadas em torno de práticas já consolidadas não é tarefa trivial. A cultura estabelecida é uma força que precisa ser necessariamente considerada para qualquer processo de mudança. A maneira como essa força será mobilizada pode significar o impulso vital para que a mudança ocorra ou, ao contrário, arrefeça. A proposta de renovação do ensino médio passava pela mudança da cultura escolar nessa etapa, pela maneira como os atores educacionais envolvidos (diretores, professores, funcionários das escolas, técnicos das secretarias, alunos, pais e responsáveis, bem como toda a comunidade em torno da escola) entendiam o Ensino Médio. Isso era proposto, essencialmente, a partir de um elemento sensível: o currículo.

A lei n. 13.415 alterou a LDBEN, no que diz respeito ao ensino médio, de modo a permitir um currículo mais flexível, dando ao estudante mais autonomia em relação à sua própria trajetória. O tema da autonomia deu, desde o início, o tom da reforma. O objetivo era incentivar nos jovens o protagonismo e o controle sobre suas próprias escolhas, o que exigia um currículo diferente daquele com o qual os estudantes estavam acostumados tradicionalmente. Essa diferença se manifestava tanto na forma de organização dos conteúdos curriculares quanto no acréscimo de novas habilidades (não apenas cognitivas, mas também sócio-emocionais), bem como na ampliação da carga horária. Essa ampliação, acompanhada pela preocupação com um rearranjo completo nos conteúdos e em sua organização, esteve associada à proposta de escolas de tempo integral, sobre as quais falo no Capítulo 5, como a referência a ser perseguida pela nova política para o ensino médio. Tempo integral em relação à redistribuição e à ampliação da carga horária, mas também formação integral, de um aluno que pudesse exercer suas potencialidades cognitivas, afetivas, emocionais e físicas. A ideia aqui era uma escola que, mais do que preparar para o vestibular ou fazer a transição para o mercado de trabalho, pura e simplesmente, ajudasse o aluno a construir seu projeto de vida. E isso passava pela BNCC.

Se, no que tange ao ciclo de alfabetização, por exemplo, não é incorreto dizer que houve um significativo consenso em torno do que estava previsto pela BNCC, no ensino médio, o processo foi (e permanece sendo) mais conflituoso. Mesmo a organização pelas grandes áreas (não apenas por disciplinas isoladas, conforme feito até então) não passou incólume pelas disputas e conflitos. A terceira versão da Base para o ensino médio foi homologada em dezembro de 2018, momento em que eu estava de saída do cargo de Ministro da Educação. Essa terceira versão, não sem debates, já havia sido formulada considerando a flexibilidade exigida pela reforma do ensino médio e a oferta dos itinerários formativos, que permitiriam diferentes arranjos curriculares, atendendo às necessidades e possibilidades dos contextos de cada rede de ensino.

Uma mudança curricular e organizacional dessa natureza não é simples. E é interessante pensar em como essa mudança não afeta apenas o sistema educacional, sendo necessárias transformações de outras naturezas. Por exemplo, a lei n. 13.415/17 fez alterar o artigo 318 da CLT, permitindo que o professor pudesse lecionar em um mesmo estabelecimento educacional em mais de um turno, desde que não ultrapassasse a jornada de trabalho semanal estabelecida pela lei (anteriormente, o professor não podia dar mais do que quatro aulas consecutivas por dia ou mais do que seis aulas intercaladas). Evidentemente, a ampliação na carga horária exigiu mudanças nas condições e normas de trabalho dos profissionais envolvidos, demonstrando a complexidade de uma reforma como essa.

Programas e ações para viabilizar uma nova arquitetura para o ensino médio

Não é difícil perceber as dificuldades e as exigências que uma reforma dessa magnitude coloca em cena. Ela precisava estar articulada com outras ações, como a BNCC, por exemplo, além de passar por mudanças em outras áreas (como a trabalhista) e exigir um esforço de mudança da própria cultura escolar no ensino médio, de modo que se faziam necessárias ações múltiplas para que essa reforma pudesse sair do lugar. Além disso, trata-se de uma mudança em longo prazo, que implica a colaboração de diferentes atores e tomadores de decisão pertencentes, em muitos casos, a diferentes governos. Uma reforma dessa monta não ocorre da noite para o dia. Quem está à frente da gestão precisa compreender a natureza passageira, e nem por isso insignificante, de suas ações, reconhecendo os esforços dos que o precederam e os esforços daqueles que ainda virão. O difícil, e necessário, nessa tarefa, é ajustar o prumo das ações de acordo com as necessidades e exigências do contexto naquele momento, algo que está sempre mudando.

Uma dessas ações articuladas à reforma do ensino médio era a política de incentivo à implementação das escolas de tempo integral. A política, prevista pela lei 13.415, previa o repasse de recursos do MEC para os estados durante dez anos, a fim de que chegasse às escolas, as quais deveriam assinar um termo de compromisso com o MEC, definindo as ações a serem financiadas, bem como estabelecendo metas e um cronograma de execução. Desde 2016, ainda antes da alteração da lei do ensino médio, esse programa de fomento à implementação de escolas de tempo integral já existia desde 2016. A lei de 2017, porém, trouxe ajustes ao programa, assim como a Portaria n. 1.023, de 2018, que inseriu novos parâmetros e diretrizes. Esse é um exemplo de que o trabalho com políticas educacionais é contínuo e desconhece termo final. À medida que o contexto vai se alterando, ajustes nos programas, e nas normas que os regulam, precisam ser realizados.

Se foi necessário dar apoio à educação em tempo integral, um dos braços do Novo Ensino Médio, era necessário dar apoio também à implementação da BNCC, visto que o currículo era o ponto nevrálgico de todo o processo de reforma. Assim, conforme já destaquei no capítulo anterior, foi criado, em abril de 2018, o ProBNCC, com o objetivo de apoiar as secretarias de educação no processo de revisão, elaboração e implementação dos currículos alinhados à BNCC. As assistências financeira e técnica propiciadas por meio desses dois programas eram entendidas como cruciais para que a implementação do novo modelo de ensino médio se concretizasse.

O Programa de Apoio ao Novo Ensino Médio e o Programa Dinheiro Direto na Escola Paulista

Entendendo que a proposta da reforma exigia muitas ações e frentes, em julho de 2018, foi criado *o Programa de Apoio ao Novo Ensino Médio*, com o objetivo de apoiar as secretarias de educação na elaboração e na execução do novo currículo contemplando o previsto pela BNCC, dos diferentes itinerários formativos e da ampliação da carga horária.

A ideia foi oferecer às secretarias apoio técnico para a elaboração, execução e monitoramento do Plano de Implementação do Novo Ensino Médio, além de apoio financeiro, formação continuada para os membros das equipes técnicas de currículo e gestão e apoio à implementação no programa em escolas-piloto. Nossa preocupação, à época, era não apenas propiciar a implementação do programa, mas o fazer com equidade, principalmente em relação às escolas rurais e aos temas étnico-raciais e de gênero. As escolas-piloto desempenhariam um papel importante para o programa, na medida em que, por meio delas, poderíamos aprender sobre a implementação, identificando vicissitudes e lacunas, bem como as virtudes e o que estava dando certo. Estimamos que 3,7 mil escolas participariam do piloto, contando com um repasse financeiro, via PDDE-Paulista, de cerca de R$ 250 milhões. Evidentemente, o aspecto financeiro, por meio da transferência de recursos para a escola, é um dos elementos centrais em uma política dessa amplitude.

Por conta disso, o PDDE-Paulista, em nossa leitura, desempenharia um papel central na implementação do programa. Em outubro de 2018, a Portaria n. 1.024 definiu as diretrizes desse apoio financeiro para o Novo Ensino Médio. Os estados receberiam recursos para a elaboração do Plano de Acompanhamento das Propostas de Flexibilização Curricular (PAPFC), ao passo que as escolas apoiadas deveriam elaborar uma Proposta de Flexibilização Curricular (PFC). O apoio financeiro seria constituído por um componente invariável, idêntico para todas as escolas, e por um componente variável, definido a partir do número de estudantes com matrícula regular em cada uma. Publicada em novembro de 2018, a Resolução n. 21 estabeleceu o valor de R$ 20 mil como componente fixo por escola e o valor de R$ 170 por aluno, com base no número de matrículas no ensino médio registrado no último Censo Escolar.

Além disso, tendo em vista o tema da equidade, algumas escolas receberiam 10% a mais do valor variável, em virtude de qualquer um dos seguintes fatores: possuir um INSE (Indicador do Nível Sócio-econômico) baixo ou muito baixo, ter ofertado carga horária inferior a 1.000 horas (tomando o ano de 2018 como referência); ser participante do Centro Nacional de Mídias;[1] oferecer modalidades de ensino de educação escolar do campo, indígena ou quilombola; e ser a única escola do município ou ter menos de 130 estudantes matriculados no ensino médio.

Diretrizes curriculares e itinerários formativos

A ideia de que o currículo seja um lugar de disputa fica mais clara no ensino médio, quando temos um número maior de disciplinas, maior profundidade dos conteúdos e um território em que conflitos avançam para além do conteúdo propriamente dito, já que a preparação para o mundo depois da escola envolve habilidades e atitudes de outra natureza. É como se cada aspecto do currículo fosse disputado por diferentes posições, nem sempre apenas acadêmicas nem necessariamente dispostas a estabelecer um diálogo.

Um dos pontos fundamentais para a mudança do ensino médio era garantir que todos os aspectos que ela envolvia estivessem cobertos, de alguma manei-

---
[1] No Capítulo 7, falo com mais detalhes sobre o projeto do Centro Nacional de Mídias, bem como suas versões estaduais no Amazonas e em São Paulo.

ra, por algum suporte, fossem orientações, fosse apoio técnico ou suporte financeiro. Por isso, a atualização das Diretrizes Curriculares Nacionais para o Ensino Médio (DCNEM) foi um passo que procuramos dar antes de minha saída do MEC. Em novembro de 2018, a Câmara de Educação Básica do CNE aprovou o Parecer n. 3, com a atualização mencionada. A homologação ocorreu ainda no mês de novembro, por meio da Portaria n. 1.210. Essa atualização foi fruto de um longo percurso de debates, a partir da revisão do documento por parte da Comissão do Ensino Médio, constituída ainda em 2016, com o intuito, justamente, de estudar de maneira detalhada e propor novas formas de oferta para essa etapa de ensino no país.

Muitas vezes, tenho a impressão de que há uma percepção, mais ou menos generalizada, de que reformas e mudanças na educação exigem apenas alterações nas normas que regulam sua oferta. É evidente que mudanças dessa monta pressupõem amparo jurídico e normativo, mas esse, mesmo que costurado a duras penas e sendo fruto de uma série de debates, é apenas um dos primeiros passos do processo. A implementação de uma política vai além do aparato legal.

O trabalho realizado pela Comissão do Ensino Médio é prova disso, pois identificou, desde a aprovação da lei da reforma, um conjunto significativo de normas e pareceres do CNE que necessitavam de adequações, sendo as DCNEM uma delas. Era preciso, portanto, revisá-las. Para além disso, contando com apoio da UNESCO, a Comissão assumiu a tarefa de pesquisar e mapear boas práticas no ensino médio, tanto no Brasil quanto no exterior. Permaneço acreditando que a identificação de boas práticas seja um tipo de pesquisa que ainda carece de maiores suporte, incentivo e disseminação no Brasil. No campo educacional, esse tipo de investigação faz toda a diferença, não para incentivar a emulação, pura e simplesmente, de práticas entre escolas com condições e características muito diferentes, mas para estimular, por meio do compartilhamento, a expansão da imaginação e, consequentemente, do repertório de ações das escolas.

Se era consenso que o ensino médio precisava passar por uma reformulação, não era claro como isso deveria ser feito. Acreditávamos nos princípios da interdisciplinaridade, da autonomia, do protagonismo juvenil e da associação com a formação técnica e profissional. Mas como efetivar isso? Essa era a pergunta central e a mais difícil de ser respondida. Por isso, entendia o trabalho da Comissão como de suma importância. A identificação do que chamamos de boas práticas poderia nos dar uma dimensão concreta desses princípios, indicando caminhos que as escolas poderiam seguir. A Comissão conduziu também reuniões com especialistas, pesquisadores, professores, estudantes e outras entidades envolvidas com o ensino médio no Brasil, de modo a coletar opiniões e sugestões sobre a atualização das DCNEM. Antes de sua aprovação, o texto foi disponibilizado para consulta pública, em outubro de 2018.

O documento final, além de reforçar a organização curricular composta pela formação geral, com base na BNCC, e pela formação diversificada por meio dos itinerários formativos, detalhava os conhecimentos de cada um deles, definindo seus eixos estruturantes. Os itinerários, mais do que qualquer outro elemento da reforma, encarnavam todos os seus princípios. Baseavam-se na escolha do aluno, dando a ele autonomia e protagonismo. São afeitos ao trabalho interdisciplinar e, um deles em especial, relaciona-se diretamente à formação técnico-profissional. Uma de nossas maiores preocupações repousava na orientação que deveria ser dada a esses alunos por parte das redes de ensino e das escolas. Tratava-se de uma mudança muito significativa. O aluno estava acostumado a receber um currículo inteiramente montado e organizado a despeito de suas escolhas e se via, agora, diante da possibilidade de tomar decisões em relação ao caminho a ser percorrido. Isso exigiria um trabalho de orientação permanente das escolas e das redes, pelo que toda ajuda do MEC seria importante.

Por isso, antes de sair do MEC, em um de nossos últimos atos, no dia 28 de dezembro de 2018, publicamos a Portaria n. 1.432, estabelecendo os referenciais para a elaboração dos itinerários formativos, de acordo com as DCNEM atualizadas. Esse documento, além de destacar os objetivos dos itinerários, estabelecia os elementos necessários para sua implementação, como a sequência por meio da qual os eixos estruturantes deveriam ser percorridos e a conexão entre eles; a forma de organização curricular (disciplinas, oficinas, campos temáticos, projetos etc); as áreas de conhecimento que seriam foco e a combinação entre elas; e a formação técnica e profissional. A portaria detalhou, ainda, as habilidades relacionadas a cada um dos itinerários formativos, relacionando-as, no caso das habilidades comuns a todos, com as competências gerais previstas pela BNCC.

O quinto itinerário formativo, relativo à formação técnica e profissional, era um desafio à parte, em virtude de suas especificidades. Sobretudo, a habilitação profissional e a qualificação profissional eram dois pontos sensíveis e careciam de atenção especial. Era necessário estimular o debate sobre esse itinerário, o que nos levou, ainda em setembro de 2018, à organização e à realização do seminário Desafios e Perspectivas no Itinerário de Formação Técnica e Profissional, organizado pela Secretaria de Educação Tecnológica do Ministério da Educação (SETEC-MEC) e pela SEB. O seminário teve o intuito de, justamente, tratar do tema da implementação do quinto itinerário formativo, analisando e discutindo problemas e soluções para sua implementação.

O evento contou com representantes da educação profissional e tecnológica das diferentes redes públicas de ensino do país, bem como com a participação da rede privada. Lembro-me de, na abertura do evento, ressaltar o ainda modesto percentual de matrículas na educação técnica no Brasil, em comparação com os países desenvolvidos. O quinto itinerário seria, portanto, uma forma de dar oportunidade aos alunos de escolherem esse caminho ainda no ensino médio. Pensava, naquele momento, e ainda penso, que esse era um dos grandes desafios educacionais do país, isto é, levantar a bandeira da educação profissional dentro de um projeto mais amplo, encampado pela reforma do ensino médio, de modo que essa etapa de escolaridade passe a ter mais sentido para os jovens.

Esse seminário adotou uma organização de trabalho muito interessante, que vale a pena relatar aqui. Em uma primeira rodada, tivemos o debate sobre o Novo Ensino Médio, com a exposição de dúvidas mais frequentes, em especial, sobre o quinto itinerário. Em um segundo momento, o evento assumiu um caráter mais pragmático, buscando avançar no mapeamento e no desenho de cenários para a implementação do itinerário destinado à formação técnica e profissional. A ideia era identificar, por meio do uso de uma metodologia apropriada, virtudes, oportunidades, fraquezas e ameaças relacionadas à implementação do itinerário. Sem dúvida, tínhamos como virtudes o marco legal que regula a oferta da educação técnica e profissional no ensino médio (ampliando, assim, a articulação entre a escola e o mundo do trabalho) e a autonomia dada às redes de ensino para a construção da proposta pedagógica e das matrizes curriculares, viabilizando, dessa forma, a diversidade de ofertas. A falta de infraestrutura adequada (como os laboratórios, por exemplo) e de profissionais especializados foram tratadas como problemas importantes a serem considerados. A maior ameaça que percebíamos era o risco de falta de adesão, justamente em virtude dos problemas reconhecidos de infraestrutura.

Ao escrever sobre tudo isso, tento relembrar as inúmeras ações que buscamos realizar no MEC para levar à frente a reforma do ensino médio e fica evidente o desafio de implementá-la. Muitas frentes de trabalho são necessárias, com a mobilização de inúmeros atores nas mais diversas funções e formas de atuação. Mesmo lembrar de tudo o que foi feito é difícil. Se é assim para os implementadores da política, imagine para os atores que, no dia a dia profissional, estão envolvidos com seu próprio trabalho. Creio que essa foi uma das motivações para a criação do Portal do Novo Ensino Médio, lançado em dezembro de 2018.

Um dos objetivos do portal era, justamente, reunir informações sobre todos os programas, políticas e ações organizados pelo MEC para implementar a reforma do ensino médio. Além de disponibilizar, em um só local, todas as informações possíveis sobre esse processo, uma de nossas preocupações imediatas era estabelecer um canal de comunicação ajustado às necessidades de estudantes, professores e gestores escolares, apresentando cada novidade e cada passo dado pela reforma.

Para também dar suporte, junto a documentação relativa à reforma – dos Referenciais Curriculares para a Elaboração de Itinerários Formativos ao documento orientador do Programa de Apoio ao Novo Ensino Médio e ao Guia de implementação do Novo Ensino Médio –, foi realizada por meio do portal a Pesquisa de Implementação do Novo Ensino Médio, em parceria com o CAED/UFJF, que investigou a organização do ensino médio nas redes estaduais do país, por meio dos documentos disponibilizados pelas secretarias estaduais no portal da pesquisa. O objetivo era levantar informações sobre a documentação do currículo em vigor em cada estado; a documentação dos programas que promoviam novas referências curriculares; as regras de certificação para a conclusão do ensino médio; as atribuições dos Conselhos Estaduais de Educação, no que tange às normas de regulamentação da educação; a criação de órgãos executivos e deliberativos em preparo ao Novo Ensino Médio; e as propostas de reorganização do marco regulatório existente nos estados. Apoiar as redes na implementação da reforma significava ouvi-las e saber mais sobre como estavam se organizando para tanto.

A experiência das mudanças do Ensino Médio em São Paulo

A experiência no MEC, incluindo o período em que estive na SEB, foi essencial para o enfrentamento do que vinha pela frente quando assumi a SEDUC-SP. Minha história com o Novo Ensino Médio ainda não estava encerrada. Poderia enumerar muitos fatores que singularizam a rede de São Paulo, mas, sem dúvida, seu tamanho e alcance já são suficientes para compreender que seria um desafio grandioso implementar a reforma nesse estado.

Em meio à pandemia, em julho de 2020, aprovamos o novo currículo paulista, com uma grande vitória: a unanimidade no Conselho Estadual de Educação de São Paulo. O documento está alinhado com a BNCC e com a lei do Novo Ensino Médio, estabelecendo 12 opções de itinerários formativos, com carga horária total de 1.350 horas, ao passo que 1.800 horas deverão ser dedicadas à formação comum, seguindo a BNCC.

Os itinerários formativos contam com aulas voltadas para o projeto de vida dos estudantes, aulas de tecnologia e inovação e disciplinas eletivas, como educação financeira, teatro e empreendedorismo. A aprovação desse currículo foi uma grande vitória para nós, em particular, pela forma como todo o processo foi conduzido. A versão preliminar ficou pronta em fevereiro de 2020 e passou pelo crivo da sociedade civil, incluindo estudantes, professores e demais profissionais da educação. Realizamos consulta pública entre março e maio daquele ano e quase 100 mil pessoas participaram. Somente no período da pandemia, realizamos seis seminários, com cerca de 70 mil profissionais da rede.

Sobre o processo de construção do currículo do ensino médio, é possível encontrar, no seu próprio documento, o histórico de discussões e consultas realizadas pela Secretaria de São Paulo. As discussões tiveram início em 2018, entre os profissionais da Seduc-SP, Undime-SP, do Sindicato dos Estabelecimentos de Ensino do Estado de São Paulo (SIEEESP), da Secretaria de Desenvolvimento Econômico, do Centro Paula Souza e das universidades estaduais (USP, Unesp e Unicamp). Ao longo de 2019, foram realizados mais de 1.600 seminários regionais com as Diretorias de Ensino, contando com a participação mais de 140 mil estudantes e mais de 18 mil profissionais da educação, para a discussão de propostas de flexibilização do ensino médio. Aplicamos, ainda, um questionário aos alunos da rede estadual (mais de 160 mil responderam), de modo a mapear suas principais demandas.

Podemos realmente dizer que se tratou de um currículo construído coletivamente. E, considerando o volume de pessoas participando, também é possível afirmar que a aprovação ocorreu de modo muito mais rápido do que esperávamos.

Criamos também o Portal do Currículo Paulista, seguindo o caminho trilhado anteriormente no MEC, com o Portal do Novo Ensino Médio e da BNCC, no qual constam informações, materiais e documentos sobre a elaboração e implementação do currículo. Nele, é possível acessar informações sobre o currículo de todas as etapas de escolaridade. No que diz respeito ao ensino médio, é possível ter acesso a documentos e vídeos sobre o currículo.

O cronograma prevê uma implementação gradual do currículo do ensino médio em São Paulo, com uma série dessa etapa sendo implementada a cada ano. Isso significa que o trabalho está longe de terminar, assim como nossa vontade de implementar um novo ensino médio e trabalhar para efetivá-lo.

Em 2021, o novo currículo do Ensino Médio foi implementado para 460 mil estudantes da 1ª série da rede pública estadual, por meio dos três componentes ofertados pelo programa Inova Educação – Projeto de Vida, Eletivas e Tecnologia e Inovação. O modelo amplia a oferta de conhecimentos específicos e permite o aprofundamento em uma ou duas áreas, com melhor formação para o mercado de trabalho e ingresso no ensino superior.

Em 2022, os estudantes da 2ª série têm acesso a uma nova rotina, com mais tempo de estudo em uma ou duas áreas do conhecimento de maior interesse, conforme as demandas e os diálogos ocorridos em cada escola.

São Paulo também foi o primeiro Estado do Brasil a oferecer material específico do Novo Ensino Médio para professores. O Material de Apoio ao Planejamento e Práticas do Aprofundamento (MAPPA) foi lançado e enviado em fevereiro de 2022 para as 3,7 mil escolas desta etapa.

As 10 opções de aprofundamentos estão todas contempladas no MAPPA: Linguagens e suas tecnologias – #SeLigaNaMídia; Ciências Humanas e Sociais Aplicadas – Superar desafios é de humanas; Ciências da Natureza e suas tecnologias – Ciência em ação!; Matemática e suas tecnologias – Matemática conectada; Ciências Humanas e Linguagens – Cultura em movimento: diferentes formas de narrar a experiência humana; Ciências da Natureza e Matemática – Meu papel no desenvolvimento sustentável; Matemática e Ciências Humanas – Ciências Humanas, Arte, Matemática #quem_divide_multiplica; Linguagens e Ciências da Natureza – Corpo, saúde e linguagens; Linguagens e Matemática – Start! Hora do desafio!; Ciências Humanas e Ciências da Natureza – A cultura do solo: do campo à cidade. Além disso, há oferta de formação técnica e profissional, via Novotec Integrado (21 cursos) e Expresso (4 cursos).

CAPÍTULO 5
As políticas de fomento à Educação em Tempo Integral

Costumamos entender o ensino integral como simplesmente a ampliação da jornada escolar dos estudantes, por meio da permanência do jovem em turno e contraturno. Na prática, porém, apenas ampliar o tempo na escola não garante melhoria na aprendizagem. Há outras questões que precisam ser levadas em conta quando planejamos a implementação de um modelo de educação em tempo integral para que alcancemos os resultados positivos que esperamos.

Primeiro, é necessário pensar em todas as áreas da escola que serão afetadas pela educação integral, bem como a maneira como cada mudança proposta será executada. Por exemplo, com a extensão da carga horária dos estudantes, um dos fatores que deve receber a atenção dos gestores é a rotina da equipe que cuida da merenda escolar, tendo em vista que o estudante que geralmente se alimentava uma vez por dia na escola passaria a fazer três refeições. Ainda assim, nesse caso, não se trata de somente oferecer um número maior de refeições – o que seria algo relativamente simples –, mas de realizar adaptações estruturais nas escolas, as quais deveriam incluir mais fogões e geladeiras e despensas maiores, além do planejamento de um cardápio nutricional balanceado. Em suma, com o ensino integral, a influência e o impacto da escola sobre a vida dos estudantes, que já eram enormes, tornam-se ainda maiores, conduzindo-nos ao desafio de pensar e implementar políticas mais desafiadoras.

No campo pedagógico, há o desafio de se pensar a oferta das disciplinas de acordo com a disponibilidade de professores e ambientes disponíveis. Novamente, não basta o jovem estar mais tempo na escola se esse tempo não se converter em aprendizagem. Quando fui Secretário de Educação Básica do MEC, orientei que o currículo fosse dividido em 45 aulas de 50 minutos a cada semana, sendo, no mínimo, 6 aulas de matemática e língua portuguesa, o que totalizaria 37,5 horas semanais, de tal forma que fosse garantido o foco nos componentes curriculares base do percurso escolar. Além disso, sabemos que uma ampla jornada escolar pode ser exaustiva para os jovens. Sendo assim, organizamos o ensino integral entre disciplinas do currículo básico e atividades extras, como esporte, artes e alguns tipos de aula prática.

Esses são exemplos de um percurso árduo até a consolidação das políticas de fomento à educação em tempo integral. Como em outros momentos deste livro, os episódios que contarei neste capítulo ocorreram em três palcos, na seguinte ordem: Brasília, Amazonas e São Paulo. Em cada um, obstáculos e aprendizados específicos; em todos, porém, a certeza de fazer parte de um movimento fundamental para a promoção de uma educação com cada vez mais qualidade e equidade para a juventude brasileira.

Os avanços nas discussões

Desde 2010, o CNE já havia definido como período integral a jornada escolar organizada em sete horas diárias, o que resulta em uma carga horária anual de 1.400 horas. Por sua vez, o PNE de 2014 reforçou o compromisso, ao estabelecer como meta até 2024, um mínimo de 50% das escolas públicas dentro do modelo de ensino integral, atendendo a pelo menos 25% dos alunos da educação básica.

Em 2016, quando eu ocupava a cadeira de Secretário de Educação Básica do MEC, demos mais alguns passos importantes. Para que o maior tempo do estudante na escola se convertesse em um desenvolvimento pleno, que tocasse em aspectos sócio-emocionais e o apoiasse na preparação para os diferentes desafios da vida em sociedade, apoiamos os estados para a elaboração de currículos que garantissem acesso às seguintes áreas: experimentação científica, cultura, artes, esporte, lazer, tecnologias de comunicação, direitos humanos, preservação do meio ambiente, saúde, acompanhamento pedagógico, educação econômica e áreas articuladas a conhecimentos e práticas socioculturais.

Ainda em 2016, publicamos uma portaria com a reserva de vagas para cada estado, de acordo com a população, mas com um limite de 30 escolas participantes para cada unidade federativa. No ano seguinte, 257 mil vagas já eram disponibilizadas e distribuídas, com cada estado recebendo entre 4 mil e 14 mil vagas, de acordo com o critério de população por unidade federativa. Por sua vez, as escolas que já ofereciam ensino em tempo integral puderam participar do processo, contanto que representassem até 20% do número total de escolas participantes.

Com apoio da SEB do MEC, as escolas interessadas enviaram cronogramas de implementação dos processos e outros documentos orientadores, como plano de gestão escolar, planejamento pedagógico e plano de participação da comunidade nas escolas. As instituições poderiam migrar todas as turmas de ensino médio para o tempo integral ou fazer as mudanças de forma gradual, contanto que o modelo fosse oferecido a pelo menos 400 alunos. As transformações necessárias para a implementação da educação em tempo integral são complexas e, por isso, exigimos que os estados fizessem um diagnóstico inicial acadêmico dos estudantes e apresentassem um plano de nivelamento para os que apresentassem defasagens na aprendizagem.

Pelo observado nas localidades que já haviam aderido ao modelo integral, seriam necessários de três a quatro anos para uma escola integral atingir a plenitude de seus resultados acadêmicos, tempo que também seria importante para que os estados conseguissem conceber e planejar os cursos dessa modalidade de ensino. Esse tempo também era especialmente importante para as escolas em regiões de vulnerabilidade social, nas quais os estudantes, muitas vezes, por questões econômicas, colocam o trabalho acima dos estudos. Portanto, promover um período de transição e adaptação aos alunos e suas famílias mostrou-se fundamental à população carente, que sempre foi a nossa prioridade.

Era também necessário que as próprias escolas abraçassem esse modelo de educação. Sendo assim, buscamos mostrar à comunidade escolar os benefícios que a educação em tempo integral poderia trazer, de modo a engajar os sujeitos e fazê-los atores desse processo. Em 2017, realizamos no MEC uma pesquisa com diretores e ex-diretores de 401 escolas que implementaram o ensino médio em tempo integral, que nos revelou dados bastante animadores. Para 91% deles, houve melhora significativa nas habilidades cognitivas dos estudantes, ao mesmo tempo que 82% observaram melhorias sócio-emocionais. Por sua vez, a maioria dos diretores, cerca de 78%, percebeu maior engajamento por parte dos professores, enquanto 71% afirmaram ter havido redução na evasão escolar e na repetência dos alunos.

Foi um intenso trabalho de reafirmação da efetividade da política pública. Se as escolas em tempo integral que existem hoje nos estados foram implementadas por iniciativa própria, isso se deu apenas porque realizamos um trabalho cuidadoso e próximo aos atores escolares, que permitiu uma expansão da visão sobre esse modelo de ensino desde as instâncias superiores de gestão até o chão da escola.

A concretização dos projetos nacionais e o caso do Ensino Médio

Colocar em prática o planejamento das escolas em tempo integral envolveu questões delicadas, como mudanças na logística, adequações de espaços físicos e ajustes no orçamento. Contudo, apesar das dificuldades, conseguimos desenvolver projetos muito interessantes, que deram conta de abarcar milhares de estudantes de todo o país.

Um dos casos de sucesso foi o projeto de implementação dos Centros de Ensino em Período Integral (CEPI), focado em instituições marcadas por problemas de vulnerabilidade sócio-econômica. Para se ter uma ideia do nível de engajamento e participação, são oferecidas nesses Centros diferentes disciplinas com foco em capacidades cognitivas e sócio-emocionais, que deram origem a clubes formados pelos próprios estudantes, como os de futebol, de xadrez e de música.

Os CEPI são financiados por recursos federais e estaduais repassados às unidades escolares de forma descentralizada, por meio do PDDE e do Pró-Escola. Algumas dessas escolas também contam com fomento do próprio MEC para implantação de Escolas de Ensino Médio em Tempo Integral (EMTI). Para que pudessem ser enquadradas como EMTI, era necessário seguir os critérios de elegibilidade que estabelecemos em portaria. No Artigo 6º da Portaria n. 727 do MEC, de 2018, ficou definido que a escola deveria ter, no mínimo, 120 matrículas no primeiro ano do ensino médio e mais de 50% dos estudantes com menos de 2.100 minutos de carga horária semanal, com base no Censo Escolar mais recente.

No entanto, não foram só os CEPIs que impulsionaram a educação integral no país. Criamos outras ações que permitiram a rápida adequação dos espaços e da logística de funcionamento das escolas, independentemente do formato escolhido. Nas instituições que optaram por manter todas as turmas de ensino integral em turno único, foi possível fazer uma redução no número de turmas, desde que unidades vizinhas conseguissem absorver parte dos alunos. Para as escolas que optaram por ampliar seu funcionamento para dois ou três turnos, existiam duas alternativas: atender às turmas em ambos os turnos, o que exigia o apoio da Secretaria para ampliação dos prédios, ou buscar um novo local para comportar a nova demanda.

Um exemplo dessa adequação foi a Escola Estadual José Leão Nunes, que reinauguramos em 2018, em Cariacica, no Espírito Santo. Ela funcionava como escola em tempo parcial havia mais de 40 anos e foi reconstruída por meio da Política de Fomento à Implementação de Escolas de Ensino Médio em Tempo Integral. Naquele ano, a escola passou a atender 420 estudantes do 7º ao 9º anos e do ensino médio em período integral, com a expectativa de ampliação para 520.

O resultado desse trabalho pode ser verificado nos números. De 2016 a 2017, o Censo Escolar apontou um salto nas matrículas em regime integral no ensino fundamental da rede pública do país de 10,5% para 16,2%. Esse aumento também foi percebido no ensino médio, com um acréscimo de 22%, passando de 531.843, em 2016, para 554.319 matrículas, em 2017. Na rede pública, o percentual de estudantes em tempo integral subiu de 6,7% para 8,4%, no mesmo período. As matrículas na educação infantil também evoluíram, especialmente nas creches, com um aumento de 5% só em 2017[2].

---

[2] INEP, Censo Escolar 2017.

Embora possamos perceber uma evolução em todas as etapas de ensino, as discussões sobre o ensino integral no Brasil estão mais avançadas em relação ao ensino médio. Um dos grandes responsáveis por essa mudança foi o Programa de Fomento às Escolas de EMTI. Em 2016, enquanto era Secretário de Educação Básica do MEC, abrimos um cadastro para escolas interessadas em participar desse programa, a partir do qual recebemos a inscrição de 586 unidades escolares que enviaram suas propostas. No ano seguinte, quando o programa começou a ser implementado, 213 escolas de todos os estados e do Distrito Federal foram selecionadas para dar início ao processo, enquanto outras 290 foram aprovadas com ressalvas, sendo necessários alguns ajustes na proposta de ensino integral. Um número expressivo de inscrições que revelou o alinhamento entre as políticas do MEC e as expectativas dos dirigentes educacionais sobre a importância da expansão das escolas em tempo integral em todas as regiões do Brasil.

A proposta do EMTI foi inspirada em um modelo que já estava em vigor em Pernambuco, o qual fortaleceu o sistema de ensino estadual e desenvolveu boas propostas curriculares nas escolas do ensino médio. Nas escolas pernambucanas, a carga horária passou a ser de 35 horas/aula por semana, e foram incluídas experiências educativas, sociais, artísticas, esportivas e culturais. Para que o projeto passasse a ser desenvolvido em nível nacional, o MEC promoveu uma transferência de recursos às Secretarias Estaduais e Distrital de Educação participantes do programa, seguindo critérios definidos na Portaria n. 727, de 13 junho de 2017.

A transferência de verba se fazia essencial, pois verificamos que o custo de operação das escolas integrais é, em média, 65% superior em relação às escolas regulares. Para permitir seu funcionamento de forma plena, o MEC passou a disponibilizar, como uma das principais ações do Programa às unidades que aderissem ao ensino integral, R$ 2 mil anuais por estudante, por um período de dez anos. Esse valor, que equivale a um adicional de aproximadamente 52% em relação ao repasse que as escolas recebem do Fundo de Manutenção e Desenvolvimento da Educação Básica e de Valorização dos Profissionais da Educação (Fundeb), começou a ser transferido às secretarias de educação para ser gasto exclusivamente com manutenção e desenvolvimento do ensino nas escolas participantes do Programa. Com esse recurso, foi possível ampliar em 80% a carga horária semanal das escolas, que passaram a oferecer metade das aulas adicionais por meio de atividades inovadoras, com projetos interdisciplinares e práticas em laboratório.

Quando falamos que esse dinheiro pode ser utilizado pelas instituições apenas com manutenção e ensino, estamos nos referindo a um conjunto de dimensões fundamentais do funcionamento da escola. São elas: remuneração e aperfeiçoamento do pessoal docente e demais profissionais da educação; aquisição, manutenção, construção e conservação de instalações e equipamentos necessários ao ensino; uso e manutenção de bens e serviços vinculados ao ensino; realização de atividades-meio necessárias ao funcionamento dos sistemas de ensino; e aquisição de material didático-escolar e manutenção de programas de transporte escolar.

Percebe-se que são dimensões indispensáveis para qualquer projeto que implique ampliação e dinamização do ambiente de aprendizagem e contratação de novos profissionais, com o objetivo de oferecer uma educação mais completa e mais atrelada às demandas e aos desafios dos tempos atuais.

* * *

Toda boa política pública precisa ser avaliada de alguma forma, de modo que possamos verificar o seu sucesso, corrigir rumos e aperfeiçoá-la. Com um programa tão importante como o de Fomento às Escolas de EMTI, não poderia ser diferente.

Em 2018, realizamos um evento no Palácio do Planalto para divulgar a portaria de avaliação de impacto do Programa de Fomento à Implantação das Escolas de EMTI, em escala nacional. Na presença do então Presidente da República, Michel Temer, anunciamos, também, a publicação do PDDE, que apoiava a implementação do Novo Ensino Médio. Juntas, essas duas portarias somavam investimentos de R$ 600 milhões.

Para medir os resultados dos investimentos e aperfeiçoar nosso trabalho, realizamos avaliações de impacto nas unidades assistidas pelo Programa de Fomento, que incluíram aspectos como qualidade de aprendizado, rendimento escolar e redução de desigualdades entre estudantes. Um total de 321 escolas públicas de ensino médio, oriundas de todos os estados e do Distrito Federal, participaram das avaliações de impacto. Procuramos garantir que as escolas participantes da pesquisa tivessem o mesmo perfil, de modo que todas as instituições pré-selecionadas pelo MEC tinham em comum a vulnerabilidade sócio-econômica, o mínimo de 100 estudantes matriculados no ensino médio, mais de 50% de alunos com menos de sete horas diárias de aula e o compromisso de estar com toda a estrutura física construída até 2020.

Nas pesquisas do avaliação impacto, o que fizemos foi, basicamente, comparar as escolas que adotaram o programa com outras que não o adotaram, de tal maneira que pudéssemos descobrir como o modelo de tempo integral estava impactando na aprendizagem, de que forma poderia melhorar a vida dos jovens e quais os avanços que efetivamente trazia para a educação. Acredito que essa foi uma das primeiras vezes em que o MEC implementou uma política pública pensando, desde o início, em uma avaliação de impacto, o que nos trouxe inúmeras vantagens.

A partir dos resultados, conseguimos pautar a política educacional com base em evidências, que nos permitiram estabelecer diretrizes claras e fundamentadas para guiar decisões futuras. Com isso, conseguimos qualificar os gastos públicos e, ao se mostrarem efetivos, ampliar os benefícios do programa. Foi possível, também, mensurar o retorno social do investimento feito no EMTI, observando se realmente houve melhora de desempenho no Ensino Médio, nas avaliações em larga escala, na aprovação escolar e na permanência dos estudantes na escola.

Amazonas na vanguarda do ensino integral

O Amazonas foi pioneiro na expansão do modelo de escolas em tempo integral. Em 2011, o estado tinha aproximadamente 14 mil estudantes neste regime; em 2016, já eram 26 mil. Tive o privilégio de acompanhar esses números bem de perto. Quando assumi a gestão da Seduc-AM, em 2012, o estado contava com 25 escolas em tempo integral; em maio de 2016, momento em que eu saía do Amazonas em direção a Brasília, esse número já tinha subido para 70, sendo 24 dessas unidades voltadas para o ensino médio.

Em 2015, uma das metas do Plano Estadual de Educação era que 50% das escolas da rede estadual estivessem no regime de educação em tempo integral. Para buscarmos alcançá-la, divulgamos na Secretaria do Amazonas, em 2016, um edital do processo seletivo para o acesso às escolas públicas estaduais de tempo integral. Foram 5.722 vagas para 52 escolas de tempo integral na capital e no interior do estado. Do total de vagas, 5% seriam destinadas aos candidatos com deficiência. Das vagas restantes, 80% seriam disponibilizados aos estudantes da rede pública e os outros 20% a candidatos de outras redes.

Para os interessados em vagas de ensino fundamental I, do 1º ao 5º anos, o processo seletivo foi feito com base nos seguintes critérios: proximidade residencial do candidato, ou seja, o candidato residir nos bairros ou sub-bairros que estejam incluídos no raio dois quilômetros da escola desejada; e menor renda salarial *per capita* da família, sendo que, em caso de empate, foram considerados os critérios de famílias com mais dependentes e candidatos mais jovens. Em relação aos alunos do 6º ao 9º anos e do ensino médio, os critérios foram a proximidade residencial do candidato e a média somatória das notas dos componentes curriculares de língua portuguesa e matemática, tendo como parâmetro os três primeiros bimestres de 2015. Em caso de empate, foi adotado o critério de menor idade do candidato.

Para tentar absorver esse fluxo de estudantes em tempo integral de forma mais rápida, ampliamos a abrangência do projeto Ensino Mediado por Tecnologias, realizado com o apoio do Centro de Mídias do Amazonas. O programa permitia que as aulas, ministradas ao vivo, fossem transmitidas simultaneamente, via satélite, para 779 turmas de 306 comunidades rurais do estado. Nesse período, o número de alunos atendidos subiu de 34 mil para 40 mil; além disso, repassamos 55 mil *tablets* para o uso pedagógico de alunos do ensino médio. Buscando oferecer serviços educacionais a alunos e professores, estabelecemos parcerias com instituições como Fucapi, Samsung e Google e fortalecemos o Programa de Reforço Escolar, que havia sido lançado em 2011. Os estudantes da rede pública estadual do ensino fundamental integrados ao projeto passaram a ter acesso a aulas extras das disciplinas de língua portuguesa e matemática. As atividades, dadas três vezes por semana, eram ministradas no contraturno escolar, sob orientação de monitores previamente capacitados pela equipe do programa.

Outra estratégia muito importante diz respeito ao processo de interiorização das escolas em tempo integral. Alguns municípios, como Novo Airão, passaram a ter 100% das escolas funcionando nesse regime. Um caso emblemático foi a inauguração, em 2016, do Centro de Educação Pedro Fukuyei Yamaguchi Ferreira, que começou atendendo 960 estudantes e foi a primeira escola de educação em tempo integral do município de São Gabriel da Cachoeira, localizado na fronteira com a Colômbia e a Venezuela, no extremo noroeste do Brasil.

Sabemos que, nas regiões mais pobres, longe dos centros urbanos e das universidades, a educação costuma ser menos valorizada pelas famílias, por haver uma cultura muito pragmática e imediatista de continuidade do trabalho que os pais realizam. Obviamente, não é culpa das famílias, ainda mais se o Estado não propõe condições para que esse ciclo seja revertido.

A implementação do ensino integral nessas regiões é uma boa forma de mudar esse quadro. A relação do estudante e de sua família com a escola muda significativamente, pois a instituição passa a suprir outras necessidades e influenciar diferentes aspectos de suas vidas. O ensino deixa de ser uma obrigação reservada a um período específico do dia, geralmente encarada de forma isolada, para se tornar efetivamente a base do desenvolvimento pleno do indivíduo. O que, em suma, deveria ser, desde sempre, o papel de toda escola, independentemente do seu modelo de ensino.

Para atender a essa importante demanda, construímos os Centros de Educação de Tempo Integral (CETI). Cada um é formado por 24 salas de aulas climatizadas, laboratórios de informática, laboratório de ciências, biblioteca, piscina semiolímpica, campo de futebol, quadra poliesportiva e refeitório. Todos esses recursos visam atender, para cada centro, cerca de mil alunos na modalidade de Tempo Integral. Para montar toda essa estrutura, fizemos, no Governo do Amazonas, um investimento de aproximadamente R$ 14 milhões em cada unidade.

Além das disciplinas do ensino básico, os CETIS também oferecem refeições diárias, atividades extracurriculares, reforço escolar e programas de formação aplicados em parceria com outras instituições.

A importância desse projeto fez com que buscássemos acelerar os processos de implementação dos centros. O primeiro CETI foi o de Iranduba, a 25 quilômetros de Manaus, inaugurado em 2013. Em 2014, intensificamos obras para a construção de novos centros, em um projeto que envolvia mais de 10 complexos educacionais, os quais beneficiaram mais de 10 mil estudantes. O investimento foi de aproximadamente R$ 90 milhões, representando o maior pacote de obras na educação já realizado no Estado, o que possibilitou que a educação integral se tornasse acessível às crianças e aos jovens do interior.

Muitas obras também contaram com o apoio do Programa de Aceleração do Desenvolvimento da Educação do Amazonas (Padeam). Em março de 2015, havia 12 CETIS em funcionamento no Amazonas, sendo nove em Manaus e três no interior, nos municípios de Parintins, Iranduba e Carauari.

Tenho uma relação de muito afeto e carinho com todo o processo de implementação do ensino integral no Amazonas, o que fez com que eu jamais me desgarrasse desse projeto. Em 2018, já atuando no MEC, liberamos R$ 9,9 milhões para 32 novas escolas estaduais de tempo integral do Amazonas, o que tornou possível a abertura de 12.990 matrículas de EMTI nos municípios de Manaus, Anori, Iranduba, Nhamundá, Manacapuru, Lábrea, Novo Airão, Beruri, Parintins, Humaitá, Manicoré, Maués, Borba, Coari e Presidente Figueiredo.

O ensino de tempo integral é um caminho sem volta que tomou conta do Amazonas, para se espalhar por todo o Brasil. Do extremo norte ao sul do país, as diferenças são muitas, sejam elas culturais, sejam sócio-econômicas ou políticas. Mas a necessidade de se ter uma escola mais próxima do estudante e de suas famílias, capaz de trazer impactos positivos em diversos aspectos de suas vidas, é a mesma.

Resta, então, realizarmos agora um sobrevoo sobre a experiência do ensino integral no outro lado do país.

A expansão do ensino integral no Estado de São Paulo

A maior evolução do ensino de São Paulo aconteceu nas escolas em tempo integral. São cinco vezes mais escolas e nove vezes mais matrículas em tempo integral, em comparação com 2018.

Em fevereiro de 2022, 2.050 escolas estão no PEI, o que representa 40% do número total de escolas da rede estadual de SP. São 1.686 novas escolas em tempo integral. De 364 escolas nesse modelo até 2018, passamos a 2.050 a partir do início do ano letivo de 2022. E de pouco mais de 115 mil vagas até 2018, ofertamos 1 milhão de vagas. Assim, São Paulo antecipou em dois anos a meta 6 do Plano Nacional da Educação, garantindo já em 2022 que mais de 25% dos seus alunos estudem em tempo integral.

Até 2018, as escolas de tempo integral estavam em 140 municípios. A partir de 2022, estarão em 464 dos 645 municípios paulistas. Com essa ampliação, 68% dos municípios passaram a contar com carga horária de até nove horas e meia, o que representou um marco extremamente importante, tendo em vista que essa política estava, até então, concentrada em poucos lugares. Assim como no Amazonas, o ensino integral se espalhou por todo o estado paulista, de modo que conseguimos, em um curto espaço tempo, implementá-lo em mais 324 municípios do estado.

Em São Paulo, a educação em tempo integral foi dividida entre dois modelos: PEI de 9 horas e de 7 horas. Além das disciplinas obrigatórias, são oferecidas eletivas, elaboradas pelos próprios professores das instituições. Os conteúdos são desenvolvidos de acordo com as competências da Base Nacional Comum Curricular (BNCC), o que inclui temas como pensamento científico, cultura digital, cidadania, comunicação, trabalho e projeto de vida. As PEIS, em 2021, somaram 1.077 escolas e contemplaram 542 mil estudantes, possuindo jornadas de até 9 horas e meia, incluindo três refeições diárias. As instituições oferecem, além das disciplinas obrigatórias, matérias eletivas e uma matriz curricular com orientação de estudos, preparação para o mercado de trabalho e auxílio na elaboração de um projeto de vida. Os professores atuam em regime de dedicação integral, recebendo bonificação de R$ 2 mil a mais no salário-base. As vantagens de aderir ao projeto são nítidas. Em São Paulo, as escolas que aderiram ao PEI cresceram 1,2 pontos no IDEB de 2019, em comparação ao resultado anterior. Isso representa o dobro da evolução das escolas regulares, cujo índice cresceu 0,6 pontos no mesmo período. Além disso, as avaliações mostraram que as 33 melhores escolas de Ensino Médio do estado são de ensino integral.

É fato que as escolas de ensino integral trazem inúmeros benefícios à educação de nossos estudantes e à nossa sociedade como um todo. Como já demonstrei até aqui, a implementação desse modelo exige planejamento rigoroso e bom emprego de recursos financeiros, de modo que a sua proposta se converta apenas em um prolongamento do período escolar. No entanto, há outro fator que não pode ser ignorado nesse processo: o diálogo com a comunidade. Como Secretário de Educação, tanto no Amazonas como em São Paulo, acompanhei e participei de diversas discussões sobre o assunto com a sociedade, buscando sempre promover formações voltadas aos atores escolares envolvidos no ensino integral.

Um exemplo bem interessante ocorreu em janeiro de 2020, quando cerca de 250 supervisores e diretores de escolas de todo o Estado participaram de uma formação técnica voltada ao PEI, como parte das formações continuadas oferecidas na EFAPE. O evento, que foi bastante proveitoso, começou com uma palestra de integrantes da nossa administração, como o então

Secretário Executivo Haroldo Rocha e a coordenadora de ensino integral na Coordenadoria Pedagógica (COPED), atual coordenadora da Efape, Bruna Waitman. Sempre busquei aproximar os atores da Secretaria daqueles que atuam nas instâncias intermediárias e no chão da escola, como forma de destacar que não estão – e jamais poderão estar – sozinhos nesse processo.

Em dezembro de 2020, o Instituto Natura promoveu o seminário virtual Ensino Médio Integral, com apoio do Consed, do Instituto Sonho Grande e do Instituto de Corresponsabilidade pela Educação. Tive o prazer de participar do segundo dia de debates, que contou com governadores e outros secretários de educação, bem como de me envolver em discussões muito engrandecedoras sobre o desafio da expansão do modelo de educação em tempo integral e a sua universalização. Conversamos sobre como a garantia de orçamento público poderia ser desafiadora, mas não um impeditivo para fazermos o programa funcionar da melhor maneira possível.

Não há política pública sem algum tipo de diálogo, ainda mais quando estamos lidando com o futuro de milhares de crianças e jovens. Não se coloca em prática uma ação desse tamanho sem se aproximar daqueles que serão impactados por ela, conversando, explicando e abrindo espaço para que também contribuam para o seu sucesso. Foi e está sendo assim com a política de ensino integral. E também é assim e continuará sendo com muitas outras.

CAPÍTULO 6
Formação de professores e carreira docente: debates e políticas

Quando pensei em registrar em livro alguns dos desafios que enfrentei como gestor educacional, a organização dessas memórias em torno de grandes temas pareceu a maneira mais didática de apresentação para o leitor. Pareceu também a forma mais ajustada para organizar minha própria escrita. Mesmo contando com algumas sobreposições, essa maneira de conduzir a narrativa contribui para que eu mesmo vá rememorando as ações e políticas com as quais me envolvi ao longo de mais de uma década dedicada à educação. E a cada temática selecionada, tenho o ímpeto de dizer que se trata de um dos temas mais complexos na seara educacional. Foi assim quando comecei a escrever sobre a BNCC, sobre o Novo Ensino Médio, sobre a avaliação educacional e sobre o enfrentamento da pandemia. Ou tudo em educação – pelo menos, tudo que envolve e exige políticas educacionais – é de fato complexo, tendo em vista que a própria educação é um fenômeno demasiadamente complexo, ou só selecionei temas complexos sobre os quais falar. Caso essa última hipótese seja verdadeira, a seleção não foi intencional por conta da complexidade dos temas. Só agora, durante a escrita, isso passou pela minha cabeça.

Correndo o risco de parecer repetitivo, porém fiel às minhas percepções, posso afirmar que a formação de professores é um desses temas complexos e polêmicos. Há um consenso de que a formação docente, seja inicial ou continuada, é um dos pilares de sustentação de toda política educacional e elemento fundamental para toda e qualquer discussão acerca da qualidade da educação (noção também polêmica e conflituosa). As demandas dos mais diferentes atores educacionais, em regra, incluem a defesa de uma formação docente sólida e de qualidade. Entretanto, o consenso para por aí. O conteúdo dessa formação, por exemplo, e os critérios para definir o que é uma formação de qualidade estão longe de uma leitura consensual.

Em minha leitura, as universidades deveriam participar de maneira mais ativa desse debate, estabelecendo uma articulação mais próxima e produtiva com as redes de ensino. Muitas vezes, as universidades acabam estabelecendo relações pontuais e instrumentais com as redes, utilizando-as como campo de pesquisa e oportunidade de estágio para seus estudantes. Do outro lado, as redes, muitas vezes, tendem também a se afastar das universidades e de seu discurso excessivamente abstrato e teórico, sem conexão direta com o que ocorre de fato nas escolas. É preciso lembrar que os professores e diretores das escolas são formados nas universidades, de modo que o diálogo entre essas duas instâncias e realidades é necessário para uma formação articulada e pronta para a realidade educacional. Não estou em busca, com essa reflexão, de culpados, mas o problema da formação de professores, não há dúvida, passa por uma articulação mais bem-alinhavada entre a universidade e a escola.

Um dos pontos que parecem frágeis nessa articulação é a distância entre o que se aprende na universidade e o que é exigido do professor na escola. É muito comum nos depararmos com histórias, ficcionais ou reais, em que a escola aparece como cenário preponderante e é possível identificar, de forma velada ou explícita, uma crítica à formação que não prepara o professor para os desafios da escola pública brasileira. Não estamos falando apenas da formação relacionada ao conteúdo de determinada disciplina, mas, em especial, de como adquirir as competências necessárias para ser professor.

Essa discussão está longe de ser trivial. Muitos dirão que não é esse o caminho para a formação docente. Dirão também que não é possível ensinar técnicas de como ser professor, pois essas técnicas nem sequer existem, ou, existindo, não são consensuais, mas sim um terreno de disputa. Poderão afirmar, ainda, que a ideia de técnicas, por si só, é antitética ao que deve ser a formação docente. Muitas vezes, em virtude dessa crítica, a pesquisa sobre práticas docentes no sentido de estabelecer, minimamente, um rol de competências que o futuro professor deve desenvolver durante sua formação inicial, recebe pouco espaço e atenção. Em muitos casos, esse tipo de pesquisa encontra-se articulado à pesquisa sobre eficácia escolar e sobre avaliação, dois temas geralmente encarados como excessivamente tecnicistas. O fato é que o debate nesse campo soa muitas vezes improdutivo, em prejuízo da formação dos professores.

Da perspectiva da gestão da rede, a formação inicial é um ponto mais delicado. A rede de ensino recruta seus profissionais com base em critérios definidos em lei, relativos à formação inicial. Aqui, estamos falando da necessidade de titulação ajustada para a docência em cada uma das disciplinas curriculares. O tema da adequação entre o título e a disciplina permanece um grande desafio na área de ciências exatas. O que parece óbvio – um professor ser responsável por uma disciplina para a qual ele possui formação universitária – nem sempre pode ser alcançado. Precisamos de mais professores de Física e Química, por exemplo, do que há disponíveis no mercado. Nessas áreas, a carência de professores é notória, fazendo com que arranjos tenham que ser costurados, de modo a garantir ao aluno o acesso a esses conhecimentos. Por isso, professores de matemática, por vezes, assumem disciplinas de física, assim como professores de biologia assumem as de química. Isso se deve a um desajuste entre as necessidades das redes e a formação de profissionais nessas áreas interessados em seguir a carreira docente. Quando não é o número de formados que é parco (como no caso dos cursos de Física), é a sedução provocada pela indústria, que oferece carreiras mais interessantes economicamente aos formados (como ocorre, muitas vezes, com os profissionais da Química).

Esse é um debate que vai longe, quando pensamos no status social do professor e na desvalorização da carreira, em virtude de uma série de fatores, entre eles, a baixa remuneração.

Com a formação inicial sob a responsabilidade das universidades, não é difícil para a gestão da rede de ensino chegar ao diagnóstico da distância que existe entre essa formação e seu campo de atuação. A sensação é de impotência diante da formação inicial. As parcerias entre as redes de ensino e as universidades permanecem, em meu diagnóstico, incipientes e frágeis, de modo que essas redes pouco têm a dizer ou fazer no que tange a essa formação. É como se as redes apenas recebessem esses profissionais vindos das universidades, sem o estabelecimento de um efetivo diálogo.

O jovem profissional chega à escola, muitas vezes, sem passar por um estágio efetivo, de modo que sua primeira vez à frente da turma já é como professor responsável por ela. Isso parece um absurdo se pensarmos em outras profissões, mas acontece frequentemente no caso dos professores. Eles próprios, ao começarem seu trabalho nas escolas, notam o descompasso entre a formação que receberam e os problemas que têm de enfrentar. Não se trata, evidentemente, de simplesmente dizer que a formação que receberam é de má qualidade, mas de reconhecer o desajuste em relação a muitos aspectos essenciais do trabalho docente nas escolas. Não é raro ouvir de um professor alfabetizador, trabalhando há muitos anos na escola, que aprendeu a alfabetizar na prática, enfrentando diariamente o trabalho com as turmas. Ao dizer isso, a mensagem é que ele não aprendeu a alfabetizar na universidade, em sua formação inicial. Teve de fazê-lo já em exercício.

Ao pensar sobre isso, fica claro que as parcerias entre as universidades e as redes de ensino não podem ser pontuais, centradas em atividades de estágio (em especial, se forem apenas protocolares) e de pesquisa. Esse diálogo é necessário para a formação qualificada e adequada de docentes capazes de lidar com os problemas reais de uma sala de aula, encontrando soluções para contorná-los. Precisamos de uma formação mais atenta aos problemas da educação brasileira e à busca de saídas para eles.

Com isso, não quero dizer, de maneira ingênua, que a formação inicial deva dar conta de tudo o que um professor irá enfrentar em sua vida profissional. Tendo em vista a própria natureza do conhecimento e as mudanças constantes que caracterizam o cenário social, a formação é, por definição, insuficiente. Haverá sempre espaço a ser preenchido, adaptações e atualizações a serem feitas. Contudo, o que vemos hoje, não é apenas a necessidade de atualizações e adaptações, mas sim professores saindo das universidades despreparados para o enfrentamento de problemas já mapeados e conhecidos. Não tratamos aqui de situações imprevisíveis ou de uma mudança social mais aguda, fazendo com que profissionais em prática docente há dez, 20 ou 30 anos tenham necessidade de atualizar seus conhecimentos e práticas. Estamos falando de um profissional que já recebe seu diploma sabendo que não foi preparado para lidar com uma escola com problemas suficientemente mapeados.

É o caso, por exemplo, do tema da avaliação educacional. Tema às vezes polêmico, que recebe críticas das mais variadas naturezas, a avaliação permanece sendo um calo para os atores educacionais. Não estou me referindo, aqui, aos sistemas de avaliação em larga escala, política pública que mereceu uma reflexão aprofundada no Capítulo 9 deste livro. A avaliação em sala de aula já é um problema para os professores, pois é vista, geralmente, como um constrangimento. Ou para o estudante, a partir do diagnóstico de que a escola usou a avaliação historicamente (e ainda usa) como um instrumento de poder e punição. Ou para o próprio professor, no sentido em que, reconhecendo esse caráter punitivo, assume um discurso de crítica à avaliação, ao passo que se resigna diante dela em virtude de se sentir obrigado a aplicá-la. Em um caso e no outro, onde está o elemento propriamente pedagógico da avaliação? Ela raramente é vista como um instrumento importante. No máximo, assume a imagem de mal necessário.

Esse constrangimento e esse incômodo em torno da avaliação estão relacionados ao fato de que os professores muitas vezes não sabem avaliar. Não sabem porque não foram preparados para tanto. A formaçao inicial não os preparou, tecnicamente, para o trabalho de avaliação. O resultado é o uso repetitivo e pouco direcionado delas. Pouco se pensa sobre isso e, podemos afirmar, no âmbito das universidades, a pesquisa sobre a avaliação da aprendizagem e suas técnicas avançou menos do que deveria. Mesmo se pensarmos em avanços, como é o caso da pesquisa realizada pelo

CAEd na UFJF, principalmente no âmbito da avaliação em larga escala, seríamos obrigados a reconhecer que essa evolução ainda não integra a formação de professores como deveria.

Assim como a avaliação, outros temas carecem da devida atenção nos cursos de formação inicial, apesar de desempenharem papéis fundamentais para a ação docente na escola. Técnicas de ensino, planejamento, elaboração de planos de aulas, gestão do tempo em sala de aula, cumprimento do currículo, posicionamento diante da turma (corporal, inclusive), variedade de práticas pedagógicas, metodologias ativas e, o que agora está em evidência, por conta da pandemia, uso de tecnologias em educação. Tudo isso pode até ser ventilado como parte da formação inicial, mas não creio que, como regra, seja trabalhado de forma detida e meticulosa.

O que fazer diante desse cenário? Penso que agora fica mais claro o papel que as redes de ensino podem desempenhar, não sem polêmicas e contradições. A formação continuada passa a ser vista, e muitas vezes cobrada, como a saída para tentar contornar, pelo menos minimamente, esses problemas. Se a formação inicial não é capaz de dar todo o suporte necessário para a atuação profissional dos professores, a formação continuada será o caminho para tanto.

De fato, entendo que a formação continuada desempenhará sempre um papel importante para os profissionais da rede, a despeito das lacunas observadas na formação inicial. Conforme já afirmei, a natureza não dogmática do conhecimento científico, que alimenta o currículo e as disciplinas escolares, bem como as constantes mudanças de um mundo cada vez mais acelerado e, até certo ponto, imprevisível, fazem com que a formação continuada seja um dos alicerces a serviço da oferta de um ensino de qualidade e ajustado às demandas de seu tempo. Assim, mesmo com uma formação inicial robusta, haverá sempre necessidade de uma formação que atualize e prepare os professores para novos desafios. Vejo isso nesse exato momento, com o ensino remoto emergencial. A tecnologia assumiu protagonismo para permitir que o processo de ensino e aprendizagem não fosse completamente estancado durante a suspensão das aulas presenciais. Muitos professores não estavam preparados para isso, assim como gestores, estudantes, famílias e o próprio corpo técnico. Houve a necessidade de uma capacitação em larga escala para habilitar esses atores a trabalharem por meio de um ambiente virtual. Professores que se formaram há décadas não tiveram acesso, de qualquer modo, a uma formação inicial que incluiu esse tipo de conhecimento. O uso massivo de tecnologia na educação não fez parte de sua formação. A formação continuada foi o que possibilitou a utilização dessas ferramentas.

No caso da tecnologia, o exemplo da formação continuada exercendo o que considero ser sua vocação fica claro. O problema é que as exigências em torno dela vão além disso, com o intuito de preencher lacunas oriundas de uma formação inicial que acaba de acontecer. É o caso da avaliação, por exemplo. Nesses casos, o que ocorre é uma sobreposição, com a formação continuada tendo que assumir o papel que caberia, em tese, à formação inicial. Isso ocorre, por exemplo, quando a formação continuada tem que assumir a função de capacitar professores para que possam alfabetizar, depois de, formados, já estarem exercendo a função de alfabetizadores.

Talvez esse seja o grande nó da formação de professores para a gestão das redes de ensino. Afastadas do debate sobre a formação inicial, recai sobre as redes a responsabilidade de conduzir o processo de formação continuada, tendo que lidar com as cada vez mais nítidas lacunas da primeira. Não quero culpar as universidades por um processo que envolve os mais diversificados atores e estruturas, incluindo as próprias redes de ensino, apenas reconheço que esses problemas existem.

Contudo, essas são conjecturas de um gestor educacional escrevendo sobre sua trajetória. Não pense o leitor que me candidato aqui a filósofo da educação. Por outro lado, tendo o livro em alguns momentos esse caráter mais solto e ensaístico, sinto-me encorajado a esse tipo de exercício reflexivo, ao qual a formação de professores é tema afeito.

Por onde passei, posso afirmar que a formação de professores esteve sempre no centro das atenções das políticas educacionais. Não há mudança educacional efetiva que não passe pelo trabalho docente.

Amazonas: importantes mudanças em pouco tempo

No Amazonas, além do grande desafio do Pirayawara – a formação docente no âmbito da educação indígena –, conforme já relatei no Capítulo 2, a formação de professores figurou como tema fundamental da agenda das políticas educacionais desde que assumi a Seduc-AM, em 2012. Já na cerimônia de posse, lembro bem, havia firmado o compromisso de, brigando pela melhoria da qualidade do ensino da rede estadual, estabelecer a formação de professores e a atratividade da carreira docente como ações prioritárias. De início, fechamos uma parceria com o Centro de Educação Tecnológica do Amazonas (Cetam), de modo a viabilizar a oferta de especialização para os professores da rede, requisito para a evolução da carreira profissional por meio do Plano de Cargos, Carreiras e Remuneração (PCCR). Mesmo antes de assumir o cargo de Secretário do Educação, atuando como diretor de planejamento, implementamos o programa Professor na Era Digital, que beneficiou cerca de 44 mil professores (incluindo os das redes municipais) com *notebooks*, e conduzimos concursos públicos na área de educação, oferecendo mais de 7.700 vagas no estado do Amazonas.

O tema da valorização do servidor foi realmente central para nós, inclusive, tendo se tornado um dos três pilares que estruturavam o Plano de Gestão Transparente. Investir na atratividade da carreira docente e na formação continuada estava no cerne de nossas preocupações. Por isso, desenvolvemos uma série substantiva de frentes de trabalho, envolvendo progressão horizontal, reajuste salarial, mudanças na carga horária, aplicação da hora de trabalho pedagógico, revisão do plano de carreira e ações de formação continuada, incluindo parcerias para a oferta de cursos de pós-graduação.

Em relação à progressão horizontal, em outubro de 2012, foi assinado um decreto que a autorizava no âmbito do PCCR. Tratava-se de uma ação que fazia parte da revisão completa do plano de carreira e nós estabelecemos um diálogo fundamental com o Sindicato dos Trabalhadores em Educação do Estado do Amazonas (Sinteam), para que isso ocorresse. A possibilidade de progredir horizontalmente estava condicionada a dois requisitos: I) o professor deveria estar, no mínimo, havia 7 anos e meio no mesmo nível (tempo que seria reduzido no ano seguinte), tomado como referência, dentro da carreira; e II) a realização de avaliação individual relativa ao nível de conhecimento dos professores, a partir da qual foram selecionados os profissionais que mudariam de nível (a mudança acarretava um avanço de categoria, com o professor podendo avançar uma, duas ou três categorias e, a cada mudança, recebendo um aumento de salário de 4,5% em média). Já em novembro de 2012, publicamos o edital para o processo de progressão horizontal. A avaliação havia sido elaborada com base na matriz de referência da disciplina lecionada pelo docente, que deveria acertar um número mínimo de questões da prova para ser aprovado.

Visitamos, ainda em novembro daquele ano, as coordenadorias distritais da capital, de modo a divulgar e informar acerca do edital e de suas especificidades. Esse contato mais direto foi fundamental para contar com a adesão e com a participação de todos os professores, tendo em vista que uma ação dessa natureza é delicada e difícil de ser implementada, em especial, por exigir avaliação dos professores, a qual, inclusive, não serviu apenas ao propósito da progressão, mas funcionou como verdadeiro banco de informações para que pudéssemos identificar as principais lacunas dos docentes. Isso foi usado como diagnóstico de base para capacitações e formação complementar. Mais de 7 mil professores da rede estadual realizaram a prova e os resultados desse processo avaliativo foram divulgados em abril de 2013, servindo como base para os reajustes salariais.

Reajustamos, em julho de 2013, os salários de mais de 4.200 servidores, entre professores (a maioria) e pedagogos (para esse último grupo, a legislação não previa a aplicação de prova, de modo que foram avaliados em virtude do tempo de serviço). Esse reajuste retrocedeu até maio de 2013. Também estava previsto para julho daquele ano um reajuste de 10% nos salários dos 27 mil servidores ativos na educação, considerando todas as categorias da Seduc-AM, reajuste esse que ocorreria em dois momentos (6,31% a partir de junho, retroagindo a março; e 3,69% em dezembro), impactando a folha de pagamento da em R$ 50 milhões ao ano.

Outra medida importante em relação à carreira docente diz respeito a mudanças na lotação da carga horária. A partir de 2013, em mais de 80% das escolas da rede, a orientação foi para que os professores não dessem mais aulas em disciplinas para as quais não tivessem formação adequada. Sabemos que o professor que não está ministrando a disciplina para a qual foi formado tende a apresentar um desempenho inferior àquele com a formação adequada. A qualidade do ensino é elemento crucial para a potencialização da aprendizagem e para a qualidade da educação. A orientação anterior em relação à carga horária previa a destinação do maior número possível de horas de aula na disciplina de formação do professor e, para aqueles que ainda tinham carga horária a ser cumprida, turmas em disciplinas com carga horária disponível na escola. A partir de 2013, diante da falta de horas suficientes na mesma escola e na mesma disciplina, o professor deveria completar sua carga horária em outra escola nas proximidades de onde já trabalhava. Demos prioridade de lotação na mesma escola aos professores mais antigos e que possuíam carga horária de 40 horas.

Tendo em vista a Lei do Piso Nacional dos Professores, aprovada em 2008 e com obrigatoriedade confirmada pelo Superior Tribunal de Justiça (STJ) em 2011, iniciamos, também em 2013, a aplicação da Hora de Trabalho Pedagógico (HTP), exigida pela referida lei, para professores dos anos finais do ensino fundamental e do ensino médio. Previmos 15 ou 16 horas em regência de turma e cinco ou quatro horas de HTP, podendo essas últimas ser utilizadas para planejar aulas, corrigir provas ou participar de cursos de formação oferecidos pela Seduc-AM.

O ano de 2013 foi realmente marcante para a gestão da rede. Em outubro, conseguimos a revisão do PCCR, obtendo unanimidade na Assembleia Legislativa do estado do Amazonas. Essa foi uma vitória e tanto para a educação no estado, ainda mais diante das circunstâncias que envolveram todo o processo: o projeto de lei foi assinado pelo governador e entregue no mesmo dia para os deputados estaduais, que realizaram a votação em regime de urgência, de modo que as mudanças já pudessem ser incorporadas a partir de novembro daquele mesmo ano. Todas as mudanças propostas foram amplamente debatidas com o Sinteam e contaram com seu apoio. Previmos a promoção horizontal (com aumento de salário decorrente de tempo de serviço), a promoção vertical (com aumento salarial decorrente de pós-graduação) e a promoção diagonal (com a possibilidade de mudança de cargo).

O documento reduziu o tempo de serviço para a promoção horizontal (de 7,5 para quatro anos), previu o aumento do percentual de ajuste salarial concedido em virtude de pós-graduação e estabeleceu a incorporação de sete gratificações (em virtude de trabalho especial, com risco de vida ou à saúde – como no caso das atividades no sistema prisional e sócio-educativo; atividades integradas ao Centro de Mídias; atividade integral em escolas indígenas; em função da localidade, diante de peculiaridades de municípios do interior; em virtude da pós-graduação, chegando a 35% em caso de doutorado; para os ocupantes de cargos do Grupo de Serviço de Apoio Específico à Educação; e por tempo de serviço). Ficou estabelecido, ainda, que o dia 1º de março de cada ano seria a data-base para o reajuste de vencimento e remuneração dos servidores.

Em 2014, houve novos ganhos: ocorreram a concessão de vale-alimentação e de transporte; reajuste de 10% nos salários e distribuição de *tablets* para todos os professores da rede estadual. Ao todo, mais de 16.500 professores receberam esses aparelhos, cujo objetivo era aprimorar a ação pedagógica. Ainda em 2014, distribuímos também *mini-modems* 3G para cerca de 12 mil professores. Queríamos facilitar o acesso do professor a informações, ajudando-o na pesquisa e na preparação de suas aulas. Além disso, o aparato tecnológico seria importante para o lançamento de notas, contribuindo do ponto de vista administrativo. Em 2015, coordenamos nova distribuição de *tablets*, dessa vez para os professores da rede municipal (cerca de 28 mil docentes). Esse equipamento foi entregue já com conteúdo embarcado, de língua portuguesa e matemática, bem como um laboratório de química – enfim, um substantivo conjunto de informações sem a necessidade de acesso à internet.

Contudo, para valorizar a carreira docente, a formação continuada era o elemento fundamental. Por isso, buscamos, desde o início da gestão, desenvolver ações para a capacitação dos professores em variadas frentes. Entendíamos que a melhoria na qualidade do ensino e a valorização dos professores passavam, necessariamente, por isso. Já em fevereiro de 2013, realizamos uma jornada pedagógica voltada, especificamente, para os professores das comunidades rurais, muitas vezes excluídos dos processos de formação continuada (seja por questões de deslocamento, no caso de formações presenciais – o que é particularmente sensível no caso do Amazonas; seja por falta de acesso à internet, no caso das formações a distância). Participaram cerca de 1.800 professores e a formação teve como tema central a aprendizagem colaborativa para a educação com mediação tecnológica. O ciclo de formação foi realizado por meio de teleconferência no Centro de Mídias, contando com a parceria do Centro de Formação Profissional Padre José Anchieta (Cepan), da Fundação Roberto Marinho e da Gerência de Ensino Médio de nossa secretaria.

Em abril de 2013, realizamos o 8º Encontro Estadual de Gestores, em Manaus, e ali foi criado o Grupo de Trabalho de Matemática (GTM). Os resultados nas avaliações em matemática reforçam a preocupação com a aprendizagem dos alunos na disciplina, cujos problemas já começam na pouca atenção dedicada à alfabetização em matemática, quase olvidada pelos professores do ciclo de alfabetização, os quais se centram em alfabetizar em língua materna. Na Seduc-AM, anteriormente, as capacitações para os professores eram conduzidas por pedagogos, mas, com a criação do GTM, passaram a ser ministradas por profissionais da área de matemática, promovendo um debate especializado entre os pares e permitindo a discussão sobre conteúdos específicos, em uma abordagem mais técnica. Na sequência, também em 2013 e pelos mesmos motivos, foi criado o Grupo de Trabalho de Língua Portuguesa (GTLP).

Só no ano de 2013, o GTM realizou três eventos de formação para professores de matemática. O primeiro, realizado em julho, ocorreu por meio do Centro de Mídias e foi voltado para mais de 400 professores, lotados em escolas públicas estaduais do interior e que ofereciam o 5º ano do ensino fundamental. O curso, focado em conteúdos e metodologias para melhorar o ensino de matemática, foi aberto para que os professores da rede municipal também pudessem participar, em uma ação articulada tendo em vista os testes do Sadeam (que havia identificado, em seu último resultado, mais de

200 escolas com baixos índices de desempenho. Em julho também foi realizada outra formação, para cerca de 60 professores das escolas do município de Novo Airão, cujos resultados no sistema de avaliação também eram preocupantes. Em setembro, uma terceira formação, dessa vez conduzida pelos dois grupos de trabalho, o de matemática e o de língua portuguesa. Seu principal objetivo foi orientar professores sobre como trabalhar com as habilidades e competências previstas pelas avaliações em larga escala. Essa formação ocorreu presencialmente, em Manaus, contando com o apoio do Sistema Positivo, e foi transmitida pelo Centro de Mídias para os municípios do interior. Seguindo a esteira de matemática e língua portuguesa, em 2016, foram criados grupos de trabalho para ciências da natureza e ciências humanas. De modo a não olvidar outros componentes curriculares, no mesmo ano, a Gerência de Formação (Gefor) promoveu a capacitação de 120 profissionais de educação física do município de Macapuru.

Tema fundamental na agenda educacional é a inclusão, e sabíamos de nosso desafio para fazer com que todos os alunos tivessem acesso à educação no Amazonas. Diante disso, em maio de 2013, iniciamos uma formação para promover o atendimento a estudantes com necessidades especiais, por meio da informática acessível e da Língua Brasileira de Sinais (LIBRAS). O curso foi financiado pelo FNDE e capacitou 90 professores da rede.

A tecnologia era outro ponto importante para a rede do estado e carecia de capacitação entre os atores educacionais. Em agosto de 2013, realizamos uma formação com os professores das escolas estaduais de

Manaus para a utilização de lousas digitais, cujo processo de implementação já estava em andamento na rede. Em 2014, fizemos nova rodada de capacitação para atender aos professores dos demais distritos de Manaus, ação que ocorreu em parceria com o Cepan. Já em 2015, em virtude da parceria do governo do estado com a Google, capacitamos os professores da rede para o uso dos aplicativos do Google Educação.

Outra dimensão em relação à qual demos forte atenção durante a passagem pela Seduc-AM foi a pós-graduação. Estabelecemos, em março de 2013, uma parceria com a Secretaria de Administração e Gestão (Sead) e com a Universidade do Estado do Amazonas (UEA) para a oferta de 70 vagas de pós-graduação (especialização, 360 horas) nos cursos de Gestão Pública e de Planejamento Governamental e Orçamento Público. Em novembro de 2013, o governo anunciou mais de 6.700 vagas de pós-graduação, por meio de dois editais, um direcionado para os professores de Manaus, Tabatinga, Tefé e Parintins (3.330 vagas) e outro para os demais municípios do Amazonas (4.360 vagas), para cursos de Metodologia do Ensino para Disciplinas da Educação Básica; Metodologia do Ensino de Língua Portuguesa e suas Literaturas; e Metodologia do Ensino de Matemática. Os cursos foram ministrados pela UEA, presencialmente, no caso dos municípios do primeiro edital, e por meio do Centro de Mídias, no caso dos demais municípios. Foi o maior programa voltado à pós-graduação dos docentes no estado do Amazonas.

Avançamos também para além da especialização. Em 2013, por meio de parceria com o CAED/UFJF, foram ofertadas 50 vagas no Mestrado em Gestão e Avaliação da Educação Pública. O curso tem duração de 2 anos, com a realização de encontros presenciais anuais na UFJF. Em 2014, foram oferecidas 60 vagas para esse programa e, em 2015, mais 50 vagas, totalizando 160 vagas ofertadas. Todos os custos do curso – despesas com hospedagem, alimentação e transporte das fases presenciais – foram custeados pela Seduc-AM. Em abril de 2016, promovemos um *workshop* em Manaus para apresentar os resultados das pesquisas realizadas pelos professores que haviam obtido o título de mestres.

Somam-se a isso as inúmeras capacitações que oferecemos no âmbito de programas nacionais e regionais, como o Ensino Médio Inovador, o Pacto Nacional pelo Fortalecimento do Ensino Médio, o Pacto Nacional pela Alfabetização na Idade Certa, o Projeto Ciência na Escola, o Programa Igarité, entre outros.

Fazendo essa retrospectiva sobre a formação de professores no Amazonas, fica claro que tínhamos urgência em promover ações para a valorização da carreira docente. Como o leitor pôde perceber, só em 2013, ano seguinte à minha entrada no cargo de secretário, dezenas de iniciativas já saíram do papel. O fato é que essa agilidade era realmente necessária para movimentar o estado em direção à melhoria das condições de trabalho dos professores e, com isso, à qualidade da educação.

Ministério da Educação: o desafio das políticas abrangentes

À frente da SEB do MEC, pude participar da organização e condução de duas edições do Prêmio Professores do Brasil, destinado a estimular novas formas de ensinar. Esse foi um momento que realmente me emocionou. É impressionante ver como os professores brasileiros, a despeito das inúmeras dificuldades que enfrentam, são imaginativos e originais. Esse é um projeto em que todos os professores de escolas públicas da educação básica podem se inscrever e, em 2017, tivemos a ideia de disponibilizar um curso para os participantes, de modo a capacitá-los para a construção de suas propostas. A premiação consistia em viagens educativas pelo Brasil e pelo exterior, bem como na aquisição de equipamentos de informática e de atletismo, em um total de mais de R$ 250 mil investidos. A edição de 2018, por sua vez, contou com premiação mais alta, acima de R$ 300 mil, e teve como objetivo dar visibilidade a práticas pedagógicas relacionadas à implementação da BNCC.

Estava na SEB quando o MEC lançou, em 2017, a Política Nacional de Formação de Professores, que agregou uma série de ações. Foi proposta a criação da Base Nacional de Formação Docente, que incluía a revisão das diretrizes de formação dos cursos de Pedagogia e licenciaturas. Eu estava à frente do MEC quando, em dezembro de 2018, apresentamos a primeira versão dessa base. Com isso, o Programa Institucional de Bolsas de Iniciação à Docência (Pibid) foi modernizado e acrescido do Programa de Residência Pedagógica, que buscava aperfeiçoar o estágio curricular supervisionado por meio da imersão do licenciando nas escolas de educação básica. Em 2018, oferecemos 45 mil vagas para cada um dos programas.

Junto a isso, a UAB (Universidade Aberta do Brasil) foi retomada, com a oferta de 250 mil vagas para professores que estivessem cursando seu primeiro ou segundo curso de licenciatura. Desde 2014 não havia oferta. Realizamos, também, a flexibilização das regras do Programa Universidade para Todos (ProUni), tendo em vista o preenchimento de vagas ociosas. A partir de 2018, todos os professores que desejassem realizar uma segunda licenciatura poderiam entrar no programa sem comprovação de renda. Isso sem falar nos programas voltados à formação continuada, como o Pró-Infantil, o Plano de Formação de Professores da Educação Básica, o Proinfo Integrado, o e-Proinfo, o Pró-Letramento e a Rede Nacional de Formação Continuada de Professores.

Minha passagem pelo MEC foi mais curta do que minha atuação junto à Seduc-AM, mas pude ter a experiência de coordenar processos de formação de professores em um país tão heterogêneo e grande como o Brasil. Uma observação interessante: esse tema da formação é tão poderoso e caro para a educação que não senti diferença, em termos de sua centralidade, entre o Amazonas e o MEC. Evidentemente, a dimensão do MEC é diferente, assim como maior é a visibilidade das ações, sua dificuldade de implementação e as cobranças. Entretanto, a importância do tema permanece a mesma.

São Paulo: continuidade e aperfeiçoamento

Cheguei à Seduc-SP com experiência o suficiente para saber que a formação de professores estaria no centro da agenda das políticas educacionais. O que não esperávamos era a pandemia e esse foi um fator decisivo para a política de formação que adotamos. A valorização dos professores foi tratada como prioridade desde o momento em que assumi a rede o que encontrei em São Paulo foi uma experiência pregressa da rede com a formação, o que tem se mostrado ponto muito importante para as ações que estamos implementando.

Desde 2009, o estado conta com a EFAPE para o desenvolvimento de ações de desenvolvimento profissional por meio de formação continuada, a cujo respeito falei um pouco no Capítulo 1. Em fevereiro de 2020, a Seduc-SP e a EFAPE definiram uma série de novas pautas formativas, relacionadas aos inúmeros projetos e programas da secretaria, como o Currículo Paulista, o Programa Inova Educação, o Gestão em Foco, entre outros. Em relação às ações de formação relacionadas ao Currículo Paulista, sua previsão é normativa, a partir da Resolução SE n. 72, de 2019.

O programa Inova Educação busca alinhar as atividades educacionais a expectativas, demandas e anseios dos jovens dos anos finais do ensino fundamental e do ensino médio, com o objetivo de promover seus desenvolvimentos intelectual, cultural, social e emocional, reduzindo, assim, a evasão escolar e melhorando o clima nas escolas. Para atingir seus objetivos, o programa pressupõe um fortalecimento da relação entre professores e estudantes. Por isso, a capacitação é uma etapa fundamental de sua implementação. Pensamos em formações específicas para os professores, oferecidas pela EFAPE, em formato a distância, envolvendo projeto de vida, disciplinas eletivas e o uso de tecnologias e inovação. Só na primeira oferta, em julho de 2019, tivemos 125 mil inscritos.

Também em julho de 2019, ocorreu o I Seminário EFAPE, com o intuito de estabelecer um canal de diálogo entre professores, de modo a contribuir para ampliar seu repertório profissional. O evento contou com oficinas presenciais, palestras com transmissões ao vivo, mesas-redondas, trocas de livros, compartilhamento de práticas e visitas a centros culturais.

Em janeiro de 2020, realizamos, em parceria com a Politize!, uma formação para os professores da cidade de Votorantim, com o tema da cidadania na era digital. O objetivo foi capacitar os professores para o trabalho em sala de aula com temas relacionados a política, direitos e cidadania. Além da formação de professores, o evento teve o intuito de desenvolver um itinerário formativo e de matérias eletivas a serem ofertadas para os estudantes do ensino médio. Ainda no primeiro semestre de 2020, foi oferecida, em 20 escolas da rede, como ação-piloto, a eletiva Hackers da Cidadania. Em outubro de 2020, em parceria com a Secretaria de Estado dos Direitos da Pessoa com Deficiência, ofertamos o curso a distância de Libras, para profissionais da rede estadual de ensino.

Além das ações de formação continuada, estamos firmes no propósito de valorizar a carreira docente em São Paulo. Em fevereiro de 2019, aplicamos as Provas do Mérito para os professores da educação básica. A aprovação no exame garante o reajuste salarial e a promoção na carreira. Além disso, pagamos, em 2019, os valores pendentes do Quadro de Magistério e de Apoio Escolar. Em outubro de 2019, com o objetivo de reduzir o desgaste dos professores com os deslocamentos entre as escolas, dando-lhes a oportunidade de dar aula em uma mesma unidade escolar, foi publicada portaria para distribuir classes e aulas no ano seguinte. Para os professores que não conseguissem organizar sua jornada de trabalho em uma única escola, foi dada a oportunidade de realizar uma transferência para outra unidade em que isso fosse possível.

Também em 2019, apresentamos um plano de reestruturação da carreira dos professores da rede estadual, com foco na remuneração. A reestruturação buscou valorizar professores com mestrado e doutorado, oferecendo-lhes acréscimos salariais de 5% e 10%, respectivamente. Foi facultado aos professores a adesão ou não ao plano, que contou com uma racionalização dos níveis de carreira.

Em 2020, sabemos como a pandemia afetou significativamente o nosso trabalho. Muito do que já estava planejado teve de ser substituído ou adaptado para o novo contexto. No que diz respeito à formação, uma experiência tem sido bastante enriquecedora, tanto que rendeu um capítulo elaborado pelo CAED/UFJF para um livro organizado pelo professor Fernando Reimers, de Harvard, ainda a ser publicado pela UNESCO, sobre casos de gestão pública na pandemia em todo o mundo. Falarei um pouco mais sobre esse assunto no Capítulo 9, que trata da avaliação educacional, mas creio ser importante adiantar aqui algumas informações sobre essa experiência inovadora, que aliou avaliação formativa e desenvolvimento profissional para professores e gestores em exercício. Realizado de forma totalmente *on-line*, por meio da Plataforma de Atividades e Avaliação Formativa de São Paulo, em parceria com o CAED/UFJF, o curso consiste em um itinerário formativo de três módulos com foco a interpretação dos resultados dos estudantes nas avaliações para o desenvolvimento de projetos e ações de intervenção e a gestão do currículo em sala de aula. As primeiras turmas tiveram início em fevereiro de 2021, com previsão de certificação[1] em dezembro do mesmo ano.

Ao contrário de minhas passagens pelo Amazonas e pelo MEC, toda essa experiência de São Paulo ainda está em andamento. Por isso, é difícil fazer uma análise das consequências dessas ações e prever seus desdobramentos. Entretanto, não tenho dúvidas de que não importa quanto tempo passe: a formação de professores permanecerá no cerne das políticas educacionais.

---

[1] Para estimular ainda mais os participantes, o curso conta com uma certificação da Universidade Federal de Juiz de Fora, que pode servir à progressão de carreira dos profissionais da rede.

CAPÍTULO 7
Os Centros de Mídias e a educação mediada pela tecnologia

O Estado do Amazonas, apesar de ter apenas 62 municípios, é o mais extenso do Brasil, com um território espalhado por 1,5 milhão de km². Por conta dessa peculiaridade geográfica, o transporte para muitas localidades só pode ser realizado por vias aérea ou fluvial, em um deslocamento que leva dias pelo rio. Quando adentramos as escolas rurais e do interior, a situação fica ainda mais complicada e é necessário, por vezes, usar pequenas embarcações. Nesse contexto, o acesso à educação sempre enfrentou dificuldades logísticas e operacionais, pois, além de problemas de transporte, muitas escolas não têm professores suficientes na comunidade.

Buscando cumprir nosso dever de oferecer educação a todos os estudantes do estado e de suprir as demandas do interior, a Seduc-AM criou, em 2007, um projeto pioneiro no Brasil: o Centro de Mídias de Educação do Amazonas (Cemeam), idealizado pelo então secretário Gedeão Amorim. Com muito orgulho, posso dizer que estive envolvido no projeto em seus primeiros anos. Na época, mais especificamente em 2008, meu pai vivia em Manaus e eu estava me mudando para lá após sair do Rio Grande do Sul, onde atuava como advogado especialista em licitações. Por meio de um colega, fiquei sabendo de uma vaga na Comissão Geral de Licitações do Amazonas, cuja oportunidade nos possibilitou dar início a esse projeto.

Um investimento público dessa natureza só conseguiria sair do papel se todos os envolvidos tivessem muita determinação. Nesse ponto, não tivemos nenhum tipo de problema. Contamos com uma equipe de excelência, que já vinha lutando havia muito para que essa iniciativa realmente pudesse atender às demandas públicas em tempo real.

Em agosto de 2007, foi inaugurado o Cemeam, em Manaus, com a presença do Ministro da Educação Fernando Haddad. No evento, também acontecia o lançamento regional do PNE, de modo que fizemos uma transmissão bastante interativa. Tudo funcionou. Foi um dia de muita emoção. Hoje, anos depois das primeiras discussões, o Centro de Mídias já incorporou valores e tecnologias e ultrapassou a dimensão das escolas do interior, sendo disponibilizados não só em salas de aula, mas também em hospitais e centros de pesquisa.

Ensino presencial mediado pela tecnologia

O Centro de Mídias não é uma plataforma de educação a distância, mas, sim, uma possibilidade de proporcionar um ensino presencial com mediação tecnológica. O público-alvo, inicialmente, era formado por estudantes do ensino fundamental e do ensino médio da rede pública do Amazonas. Para a execução do programa, cada comunidade recebeu antena VSAT, roteador-receptor de satélite, cabeamento, *webcam*, televisor, impressora e *nobreak*, permitindo uma interação em tempo real. As transmissões passaram a ser feitas via satélite a partir de estúdios localizados ao lado da sede da Seduc-AM em Manaus, por intermédio do sistema de Televisão por Internet (IPTV), com interatividade de som, imagens e dados.

Começamos com cerca de mil estações. A empresa responsável tinha alguns epicentros e uma equipe enorme de colaboradores, com dezenas de operadores, controladores de antena e especialistas em informática. Por conta dos problemas recorrentes de energia elétrica no Amazonas, também tivemos que pensar em uma alternativa caso o sistema elétrico falhasse.

Antes de instalar os aparatos para receber a tecnologia do Centro de Mídias, analisamos todos os detalhes que nos foram apresentados pelas lideranças e pelos prefeitos dos municípios. Dessa maneira, já sabíamos de antemão se havia ou não geração de energia. No começo, fizemos duplicatas, mesmo onde já existisse geração, porque as programações não poderiam falhar. Inicialmente, usamos satélite não cabeado, o que foi um grande desafio, pois nunca havíamos realizado, no estado do Amazonas, uma especificação de serviço de satélite para fazer licitação, de tal maneira que precisamos de um tempo para pensarmos nas adequações. À medida que as atividades começaram a funcionar, fizemos melhorias e adaptações.

Para além das tecnologias, era preciso avaliar e acompanhar as necessidades de dentro das escolas, em relação aos conteúdos oferecidos e à logística dos atores educacionais envolvidos. Além de acompanhar a transmissão, os professores também são responsáveis por mediar as questões de ordem didática e pedagógica, tirar dúvidas, orientar alunos e controlar a frequência. A carga horária dos estudantes segue o previsto na LDBEN, com total de 800 horas/aula anuais.

Cada sala de aula, que atende pelo menos dez estudantes, conta com dois professores com formação de nível superior. Os dois se revezam no planejamento das aulas, sempre contando com o apoio da equipe pedagógica e dos técnicos dos estúdios, que também colaboram com ideias para deixar os vídeos mais dinâmicos. Enquanto um professor ministra as aulas, outro acompanha o *chat*, que fica disponível para os alunos durante todo o período de aula. As perguntas dos estudantes, por sua vez, são repassadas para o mediador, que se encontra presencialmente na sala de aula em cada turma. Os mediadores do Centro de Mídias devem, necessariamente, possuir graduação, mas nem todos são especialistas na disciplina trabalhada no módulo.

Uma hora antes de a transmissão começar, é iniciado o contato entre o estúdio e o mediador, responsável pelo controle acadêmico em todas as quatro aulas diárias na turma, além da aplicação e da correção da provas e atividades. Esse processo, além de aproximar os atores envolvidos nas atividades do Cemeam, ajuda a evitar problemas na qualidade da transmissão. Nessa conexão prévia, os profissionais de apoio ficam de prontidão para corrigir rapidamente as falhas, em tempo hábil para solucioná-las antes de a aula começar.

É preciso ressaltar que a proposta do Centro de Mídias não é, de forma alguma, substituir o professor. Muito pelo contrário. O objetivo foi justamente fortalecer a parceria entre estados e municípios e reafirmar a importância dos profissionais de educação, a partir de um projeto pensado principalmente para comunidades onde não há docentes disponíveis e não existem condições para fazê-los chegar até lá. A relevância dessa ação foi entendida de imediato, de forma que não encontramos resistência.

Nenhuma sala de aula foi construída do zero para atender a essa demanda. O que fizemos foi adequar espaços que já existiam. As salas que atendiam o ensino fundamental durante o dia e ficavam ociosas à noite passaram a receber o ensino médio mediado por tecnologia, que era o principal foco do projeto no início. Posteriormente, o Centro de Mídias passou a contemplar também turmas de ensino fundamental II e do EJA. Hoje, a tecnologia já está disponível para mais de 3 mil comunidades do estado, de modo que ultrapassou as salas de aula dos estudantes da educação básica. Em todos os centros, existem duas ou três salas exclusivas para videoconferência, possibilitando a formação continuada de professores que estão no interior e a integração com outras secretarias.

O Centro de Mídias também foi o principal apoio para que a BNCC fosse colocada em prática no Amazonas, principalmente no que diz respeito à formação de professores para a implementação do currículo alinhado à Base. As ferramentas de tecnologia possibilitaram que os cursos e as capacitações pudessem ser realizados para um público mais amplo e em curto espaço de tempo, garantindo que as peculiaridades geográficas do estado pudessem ser superadas.

Graças ao Centro de Mídias, pudemos estabelecer, junto ao MEC, a meta de oferecer uma formação de 30 horas para 70% dos professores da rede pública do Amazonas, além de promover uma revisão de 70% dos Projetos Pedagógicos das escolas para que fosse dado o destaque necessário à formação mediada por tecnologias.

Ampliações do Centro de Mídias do Amazonas

As atividades do Cemeam foram expandidas de forma bastante rápida. Em 2012, eram 2,1 mil comunidades, com 30 mil estudantes. A primeira ampliação do projeto ocorreu em março de 2013, possibilitando um aumento de 27% no número de estudantes contemplados. Com essa expansão, o número passou para 2,4 mil comunidades e 38 mil alunos, de 800 escolas diferentes. Ao todo, foram 1.800 turmas formadas em todo estado, contando cada uma com acompanhamento de um professor mediador, de forma presencial.

Além de aumentar a disponibilidade de vagas, o Centro de Mídias se modernizou, passando a utilizar conteúdo interativo 3D e imersivo, por meio de lousas digitais e TV *touch screen* que possibilitam a apresentação de aulas em alta definição. No ano de 2013, o centro contava com 64 professores especialistas, divididos em cinco estúdios, um dos quais voltado ao EJA. Até 2015, foram construídos mais dois estúdios, o que permitiu que estudantes do 6º ao 9º anos também pudessem ser atendidos, de modo que o número total de crianças e jovens contemplados passou a 40 mil.

Tais desdobramentos impulsionaram outras políticas públicas, como o programa Saber +, criado na nossa gestão na Seduc-AM. O projeto foi idealizado para oferecer reforço escolar aos estudantes do 3º ano do ensino médio, em fase de preparação para o Enem, vestibulares e processos seletivos para o ensino superior. Nesse âmbito, o Cemeam foi responsável pela realização de três grandes ações.

A primeira foi proporcionar a transmissão de uma aula extra por dia, de cinquenta minutos, alternando entre as disciplinas de língua portuguesa e matemática. Disponibilizamos dois horários, 11h30 e 17h30, para que pudéssemos atingir tanto estudantes do turno matutino quanto dos períodos vespertino e noturno. Oferecemos, também, uma aula interdisciplinar por semana, no horário de contraturno das turmas regulares. Por fim, realizamos "aulões" aos sábados pela manhã, com foco na preparação para o Enem. Os estudantes poderiam aderir parcial ou integralmente a até três modalidades ofertadas de modo descentralizado.

Nosso objetivo sempre foi tornar o conhecimento cada vez mais acessível para a população. Pensando nisso, procuramos fazer publicações diversificadas, por meio de quatro canais de televisão aberta. Em 2015, ampliamos ainda mais o alcance com a criação de canal do YouTube, o qual, atualmente, conta com mais de 22 mil inscritos.

Com todas essas novidades e o desejo de buscar novas atualizações para melhorar o ensino, os projetos do Cemeam passaram a ser referência internacional. Em 2015, o Centro de Mídias foi considerado como uma das Referências Nacionais no Prêmio Learning & Performance Brasil; no mesmo ano, foi apresentado em evento da ONU/Unicef na Universidade de Columbia[1], em Nova York, e na conferência Global sobre Inovações para Crianças e Jovens[2], em Helsinki, Finlândia. Estive presente em ambos os eventos, e não poderia deixar de destacar a importância dessas parcerias. Além de aumentar a visibilidade e o prestígio do programa, a exposição para o mundo do impacto social do Cemeam abriu possibilidades de investimentos em nossa região.

Ao mesmo tempo, o reconhecimento em nível nacional fez com que o modelo servisse de incentivo para outros estados brasileiros. Em 2019, gestores públicos de Goiás visitaram a sede do Cemeam, em Manaus, a fim de buscar inspiração para a implementação do ensino mediado por tecnologia nas escolas de comunidades kalungas do interior goiano. A troca de experiências, sempre muito rica, rendeu bons frutos, impulsionando a ideia de um centro de mídias nacional.

A constituição do Centro Nacional de Mídias de Educação

O sucesso do Cemeam incentivou a criação de novos projetos, como o Centro Nacional de Mídias de Educação (CNME), em novembro de 2018. Além de assegurar uma autonomia na adoção da tecnologia para a educação, os objetivos do programa incluíam dar

---

[1] A apresentação fez parte da conferência internacional *Lemann Dialogue*.
[2] *Global Innovations for Children & Youth Summit*.

apoio à formação continuada de professores, permitir o desenvolvimento de conteúdos educacionais conforme demandas e necessidades dos docentes e das secretarias de educação e produzir materiais compatíveis com a Plataforma Integrada de Recursos Educacionais Digitais do MEC.

O CNME é custeado por recursos do Programa de Inovação Educação Conectada. Para impulsionar essa construção coletiva e democrática do conhecimento, abrimos espaço para a criação de convênios e termos de compromissos com entidades privadas e públicas, nos níveis federal, estadual, distrital e municipal.

Percebemos que havia uma necessidade urgente de a escola se apropriar de novas tecnologias, ampliando os horizontes tanto de estudantes quanto de professores. Em 2018, como ministro da educação, participei do lançamento oficial do programa na escola estadual Lúcia Martins Coelho, em Campo Grande, Mato Grosso do Sul. Na ocasião, também assinei a portaria que definiu as responsabilidades dos atores envolvidos no programa, reunidos a partir do Comitê Gestor.

Para compor o grupo, que se reunia mensalmente, escolhemos nove representantes, sendo o Secretário de Educação Básica nomeado presidente do Comitê e tendo três diretores assumido as seguintes funções: Apoio às Redes de Educação Básica; Currículos e Educação Integral; e Formação e Desenvolvimento dos Profissionais da Educação Básica. Tais representantes foram indicados pelos respectivos órgãos ou instituições. Os demais faziam parte da Secretaria de Educação Profissional e Tecnológica, do Consed, da Undime, da Fundação Roberto Marinho e da TV Escola. Em alguns momentos, convidamos especialistas e entidades de outras instituições para enriquecerem nossas discussões. A participação de todos os envolvidos no Comitê Gestor é considerada prestação de serviço público relevante, portanto, não é remunerada.

A formação desse grupo foi muito importante para que conseguíssemos delimitar as competências de cada entidade envolvida. O Comitê Gestor ficou responsável por acompanhar, apoiar e avaliar periodicamente a implementação das ações propostas pelo projeto. Enquanto isso, o MEC assumiu a função de dar apoios técnico, financeiro e organizacional, auxiliando na definição de documentos orientadores e diretrizes técnicas e pedagógicas para a implementação do CNME, além de mobilizar parcerias e oferecer formação docente continuada por meio da Política Nacional de Formação de Professores. De 2018 até 2020, foram formados 12 professores da rede pública de diferentes estados para atuarem no estúdio do Centro Nacional de Mídias e 150 professores mediadores.

O MEC, o Comitê Gestor e as instituições do terceiro setor envolvidas exerceram papel fundamental para a realização das primeiras avaliações do andamento do projeto. A própria Fundação Roberto Marinho, uma das fornecedoras da organização e da TV Escola, fez uma avaliação para verificar os efeitos do processo de formação e implementação do Centro de Mídias nas redes escolares. Além disso, encomendamos ao Centro Brasileiro de Pesquisa em Avaliação e Seleção e de Promoção de Eventos (Cebraspe) uma pesquisa externa para analisar o impacto, não tanto no sentido de melhorias ou de indicadores educacionais, mas quanto à questão do envolvimento dos estudantes, das escolas e dos diretores a partir dos processos de interação potencializados pelo CNE.

É claro que toda essa articulação só seria efetiva com a adesão das instituições de ensino. Por isso, o trabalho em conjunto com municípios, estados e o Distrito Federal foi crucial. Os governos passaram a definir, juntamente com o MEC, as temáticas e disciplinas eletivas a serem produzidas, indicar professores e mediadores para atuarem em sala de aula e disponibilizar espaços físicos e informações sobre a execução do CNME, para fins de acompanhamento e avaliação.

Depois de estabelecidas as atribuições de cada um desses setores, passamos para a fase de concretização dos projetos do CNME. Até agora, já finalizamos dois ciclos. O primeiro deles foi iniciado em agosto e concluído em dezembro de 2018, atendendo a, aproximadamente, 10 mil estudantes de instituições públicas de ensino médio do Distrito Federal e de outros 17 estados brasileiros que faziam parte do programa. Os custos de equipamento e formação de professores foram financiados pelo MEC, com um investimento total de R$ 40 milhões, distribuídos entre 25 unidades da federação.

Desde o início do projeto, contamos com parcerias muito interessantes. A realização do CNME é da TV Escola e da Fundação Roberto Marinho e, além dos trabalhos conjuntos entre MEC e Consed, temos o apoio do Instituto Ayrton Senna, do Centro de Inovação para a Educação Brasileira, da Organização dos Estados Ibero-americanos (OEI) e das Universidades Federais de Alagoas, Goiás e Ceará. Algumas dessas cooperações foram firmadas por meio de uma organização social que gerenciava a TV Escola, a qual ficou responsável por fazer as contratações de todos os serviços, inclusive na parte da formação das equipes. Como a organização social possui algumas prerrogativas que facilitam esse trabalho, conseguimos ter mais agilidade para executar contratos e operação do Centro de Mídias.

Os conteúdos, disponibilizados por transmissão ao vivo na Plataforma Integrada de Recursos Educacionais Digitais do MEC, foram produzidos a partir de sugestões das secretarias de educação. A partir de um estúdio instalado em Manaus, que já estava equipado, passamos a oferecer aulas eletivas sobre tecnologia e mundo do trabalho para turmas do ensino médio de várias regiões do Brasil. A conectividade permite que estudantes e professores possam acessar a página na internet ou realizar *download* a partir do aplicativo do CNME, disponível para Android e iOS, sem consumo do pacote de seus pacotes de dados.

Nessa primeira experiência, investimos na proposta de dados patrocinados, o que proporcionou uma ampliação muito rápida no alcance das atividades do Centro de Mídias. Em escolas rurais, onde não tinham infraestrutura próxima, trabalhamos com a possibilidade da conexão via satélite, fazendo com que a internet fosse potencializada. Mesmo em lugares onde havia algum acesso à internet, muitas vezes o sistema era lento, não sendo possível garantir uma boa transmissão. A oportunidade dos dados patrocinados agilizou essa etapa por meio de um aplicativo que nos permitia ter controle sobre os conteúdos acessados.

Assim como no Cemeam, no CNME as aulas são ao vivo e existe um roteiro a ser seguido: o professor em sala faz a introdução e passa para o mediador do estúdio, o qual, por sua vez, apresenta o conteúdo, incluindo um vídeo, e propõe um tema para problematização. A partir daí, é aberto um espaço para debate, coordenado pelo professor em sala, onde também são realizadas atividades. Quando o tempo preestabelecido acaba, o educador do estúdio volta, tira dúvidas e interage sobre os resultados das atividades, que compõem um memorial.

Os professores do CNME foram selecionados pelas respectivas secretarias de educação e capacitados pela Fundação Roberto Marinho para usarem a tecnologia nos processos de ensino e de aprendizagem. Para seguirmos rumo ao segundo ciclo do projeto, era fundamental que essa rotina tivesse sido absorvida pelos profissionais, o que se tornou realidade poucos meses depois do início do projeto. Durante o percurso, realizamos formações de professores e trabalhamos habilidades importantes para função de mediador pedagógico, permitindo que os profissionais vivessem a prática da interatividade ao vivo.

O CNME entusiasmou educadores de diferentes cantos do mundo. Em 2018, convidei professores de cinco países de língua portuguesa para participar de uma videoconferência e apresentar os projetos do Centro. Nossos colegas de Cabo Verde, Guiné-Bissau, Guiné Equatorial, Moçambique e São Tomé e Príncipe faziam parte do curso de formação continuada de professores de língua portuguesa, projeto do MEC em parceria com a OEI. Estavam no Cemeam, em Manaus, e eu em meu gabinete ministerial, em Brasília. Naquele momento, demos o primeiro passo nessa parceria para apoiá-los no desenvolvimento de um projeto semelhante em seus contextos específicos, tanto na formação de professores quanto para enfrentar desafios de infraestrutura e geografia, pois, como já sabem, sempre focamos nos estudantes de localidades menos acessíveis. Para se ter uma ideia do público, em 2018, 47% das escolas públicas conectadas ao CNME tinham sede nas capitais dos estados; as outras instituições, mais da metade, estavam localizadas no interior.

Outra preocupação que tínhamos era em relação aos equipamentos necessários para o funcionamento do CNME de forma plena. Por isso, garantimos que as escolas participantes recebessem antenas, monitores, computadores e demais ferramentas importantes para que pudessem se apropriar das potencialidades do Centro de Mídias com autonomia. Vale lembrar que as tecnologias digitais, usadas de forma crítica e ética na produção de conhecimentos e resolução de problemas, fazem parte das competências gerais estabelecidas pela BNCC, aprovada em 2018, o que só mostra como o Centro sempre esteve em consonância com as demandas e os avanços da sociedade.

O fortalecimento das políticas públicas não ficou restrito à BNCC. O CNME busca impulsionar a Política de Fomento à Implementação de Escolas de EMTI, o programa do Novo Ensino Médio e a Política Nacional de Formação de Professores.

A importância do Centro de Mídias de São Paulo na pandemia de Covid-19

A pandemia de Covid-19 causou danos sem precedentes em todos os setores da sociedade, e a educação, sem dúvidas, foi uma das áreas mais atingidas. Decisões em tempo recorde tiveram que ser tomadas para tentarmos minimizar os prejuízos de uma crise dessa proporção.

A ideia de um Centro de Mídias de São Paulo (CSMP) já existia, porém ainda não havia nenhum projeto estruturado. A proposta era ter uma política perene, de longo prazo, a ser implementada aos poucos. Contudo, dadas a necessidade e a urgência do contexto que atravessávamos, o programa foi posto em pé em apenas 20 dias.

Para dar andamento ao processo de construção do CMSP, o Governador João Doria abriu chamamento público para escolher um sistema de transmissão, a partir do qual a IP.TV foi implementada no estado.

Em 2021, na rede pública estadual de São Paulo, 2,9 milhões de estudantes fizeram uso dos aplicativos do CMSP, disponibilizado pelo dispositivo Centro de Mídias SP[3], para sistemas Android e iOS. Para acessá-lo, professores e estudantes precisam apenas fazer o seu login com os dados que já utilizam na Secretaria Escolar Digital (SED). As aulas são transmitidas a partir de estúdios de TV instalados na sede da nossa escola de formação de professores, a EFAPE, na TV Cultura e na sede da Seduc-SP, no bairro da República, em São Paulo. De modo a garantir que o serviço seja gratuito para

---

[3] O dispositivo também pode ser acessado através do site http://centrodemidiasp.educacao.sp.gov.br.

estudantes e professores, fizemos, por meio do governo de São Paulo, um contrato com as empresas de telefonia móvel Vivo, Claro, Tim, Oi e Nextel.

Desde o início, oferecemos dados patrocinados, para que o professor e o estudante que não têm franquia de internet suficiente possam acessar os conteúdos do aplicativo e do repositório sem gastar seu pacote de dados. Sabemos, por outro lado, que lidar com as tecnologias pode ser bastante desafiador, de modo que buscamos desenvolver recursos para facilitar o acesso às plataformas. Na página do CMSP, é possível encontrar tutoriais com o passo a passo de como assistir às aulas, materiais complementares de parceiros e documentos informativos. No *site*, também consta o calendário atualizado das atividades e os vídeos das aulas anteriores, para quem quisesse rever ou assistir em um momento diferente a transmissão ao vivo.

A seleção de professores da rede estadual para compor o CMSP foi aberta em maio de 2020, com inscrições disponíveis para professor de estúdio e técnico em tecnologia da educação. Além de fazer parte do quadro de professores, os candidatos deveriam ter concluído estágio probatório, possuir anuência do superior hierárquico, não estar em procedimento de aposentadoria e ter disponibilidade para trabalhar presencialmente no bairro Perdizes, em São Paulo, onde se localiza o estúdio do Centro de Mídias. Os selecionados foram contratados para trabalho presencial em jornada de 40 horas e regime de dedicação integral.

A implementação do CMSP foi crucial para que pudéssemos seguir o calendário escolar durante o tempo mais agudo da pandemia. Além de ofertar aulas para os estudantes, temos oferecido formação em educação a distância para professores que quiserem contribuir com as aulas remotas ou híbridas. Um exemplo desse tipo de formação é o curso chamado "Luz, câmera e ação", que contou com especialistas em posicionamento na câmera, conteúdo audiovisual, direitos autorais, edição de vídeo e gravação remota. Tratou-se de um momento muito importante, em que foi possível também falar sobre metodologias ativas e trocar experiências sobre estratégias para despertar a atenção dos nossos alunos em um contexto tão desafiador.

Em Manaus, quando inauguramos o Cemeam, o objetivo principal era facilitar o acesso dos estudantes das regiões ribeirinhas às disciplinas do currículo regular e minimizar a dificuldade de contratar professores habilitados nessas localidades. Enquanto isso, a meta do CNME não era o currículo regular, mas a implementação do Novo Ensino Médio, com os itinerários formativos em consonância com a BNCC. Por fim, em São Paulo, o Centro de Mídias já surge com um formato mais centralizado, dentro do contexto de urgência da pandemia, mas com uma proposta de longo prazo, que busca oferecer estratégias diferentes de ensino, mais flexíveis, com aulas de reforço e atividades interativas, a serem acessadas principalmente por meio do aparelho celular.

O Cemeam, por sua vez, nasceu com a ideia de ter o aluno em sala de aula, com a presença de um professor mediador. Hoje, no formato híbrido em funcionamento em São Paulo, muitas vezes o estudante está em sua própria casa. Os contextos locais e as demandas de cada tempo ditaram as principais características de cada um dos Centros de Mídias que ajudei a implementar.

À medida que os projetos foram ganhando força em São Paulo, modernizamos nossas táticas de interatividade. Chegamos a criar um *chat* que permitia que todos os estudantes de um ano escolar do estado pudessem interagir numa mesma aula. Imagine o desafio de organizar ambientes atrativos para tentar melhorar o engajamento de milhares de jovens e crianças de uma só vez. Uma estratégia interessante que encontramos foi incluir, dentro do aplicativo, um gerenciador de tarefas, que organizou a agenda do estudante e o incentivou a participar mais das atividades. Também verificamos a necessidade de ajustar o tempo de aula, que passou de 45 para 30 minutos, e inserimos as chamadas "pílulas", vídeos curtos que o professor utiliza como apoio na aula.

Em dezembro de 2020, o projeto foi reconhecido como uma das seis melhores iniciativas inovadoras de governos subnacionais da América Latina e do Caribe, em concurso promovido pelo Banco Interamericano de Desenvolvimento. A avaliação foi feita por especialistas internacionais em quesitos como inovação e inclusão social, principalmente no contexto da pandemia.

Contudo, como já deve ter sido possível perceber, o CMSP vai muito além de uma solução para o problema da pandemia nas escolas. Afinal, aliar ensino e tecnologia, com o objetivo de alcançar mais estudantes e promover aulas mais interativas, é uma forma de cumprir o nosso dever de termos, seja onde for, professores ensinando e estudantes aprendendo.

CAPÍTULO 8

Os progressos conquistados com os programas Mais Alfabetização e Novo Mais Educação

Mesmo quando se é gestor de uma rede estadual cujo foco são os anos finais do ensino fundamental e, com mais ênfase e cobrança, o Ensino Médio, a alfabetização em Língua Portuguesa é um tema inarredável. A preocupação com a alfabetização afeta todos os níveis de escolaridade e os motivos são justificáveis. Quando analisamos, em detalhe e pedagogicamente, os resultados da avaliação em larga escala, por exemplo, o que podemos perceber é que estudantes do ensino médio, em muitos casos, permanecem em uma situação de pouco desenvolvimento de habilidades básicas no que tange à leitura, algo que já deveria ter se consolidado muito antes de chegarem a essa etapa de ensino e pode ser atribuído a processos incompletos de alfabetização. A tendência é que esses alunos sejam empurrados ao longo do ensino fundamental sem a capacidade de compreender textos simples, extraindo informações explícitas e diretas. A situação fica ainda mais grave quando falamos em alfabetização matemática. Se, à frente da Seduc-AM, a alfabetização já nos preocupava, quando cheguei ao MEC, o problema já estava na mesa, ocupando posição central.

Os dados levantados pela Avaliação Nacional de Alfabetização (ANA) de 2016 evidenciaram uma realidade preocupante. A pesquisa mostrou que 54% dos estudantes acima de oito anos tiveram desempenho insuficiente tanto em língua portuguesa como em matemática. Ou seja, não estavam plenamente alfabetizados e possuíam uma falha grave no aprendizado de operações matemáticas básicas. Para ser considerado alfabetizado em língua portuguesa, o aluno deve compreender o funcionamento do sistema alfabético de escrita, produzir textos e conseguir ler com autonomia. No caso da matemática, o estudante precisa aprender a raciocinar, representar e resolver matematicamente problemas em diferentes contextos. Diante desse cenário, ficou clara a necessidade da busca por mudanças.

O Programa Mais Alfabetização (PMALFA) foi uma proposta criada em fevereiro de 2018, ainda na gestão do ministro Mendonça Filho, com a intenção de melhorar esses indicadores. Participei do início do projeto como Secretário de Educação Básica, e firmei o compromisso de fortalecer o PMALFA quando assumi o MEC.

Em 28 março de 2018, foi anunciada, em cerimônia no Palácio do Planalto, a implementação do PMALFA, com o investimento de cerca de R$ 523 milhões em dois anos. Só em 2018, foram liberados R$ 253 milhões, divididos em duas parcelas. A primeira, no valor de R$ 124 milhões, foi disponibilizada para escolas de estados e municípios em todo o país e contou com a adesão de 49 mil escolas. No segundo semestre de 2018, foi liberada a segunda parcela, que contemplou as escolas que já participavam e permitiu a adesão de novas escolas ao programa. Para efetivar o pagamento dos repasses, ficou definido que as escolas participantes teriam que manter os dados cadastrais completos e atualizados no sistema do MEC (incluindo as informações dos estudantes no que dizia respeito às avaliações) e não poderiam ter pendências em prestações de contas anteriores.

Nesse mesmo encontro do dia 28, prefeitos e outros colegas secretários de educação assinaram um compromisso do Mais Alfabetização, por meio de representantes do Consed e da Undime, que tiveram colaboração fundamental. Também foram traçadas algumas diretrizes, como a escolha dos assistentes de alfabetização, que passariam por um processo de seleção elaborado pelos municípios. Esses assistentes seriam as pessoas que as escolas poderiam alocar para estar em dupla com o professor na sala de aula e realizar atendimento no contraturno ou mesmo no próprio turno com reagrupamento.

Aqueles que fossem selecionados deveriam se dedicar exclusivamente às atividades que apoiassem diretamente a alfabetização das crianças. Não era obrigatório que as escolas tivessem assistentes de alfabetização para serem incluídos no programa, mas a ideia era fomentar a participação desses atores e, como consequência, incentivar a formação de jovens professores.

Diretrizes básicas e custeio

No primeiro ano de funcionamento, o PMALFA atendeu a 3,6 milhões de estudantes em 156 mil turmas do 1º e 2º anos do ensino fundamental. Por meio do programa, que foi efetivamente colocado em prática em abril de 2018, buscamos oferecer apoio técnico e financeiro ao processo de alfabetização de estudantes matriculados no 1º e no 2º anos do ensino fundamental. Para que a meta de melhoria da aprendizagem fosse alcançada, foram fixadas três diretrizes: apoio financeiro, auxílio técnico e formação de profissionais.

O auxílio financeiro era dado pelo PDDE, podendo ser utilizado para aquisição de materiais de consumo, para contratação de serviços necessários às atividades previstas em ato normativo próprio e para ressarcimento de despesas com transporte e alimentação dos assistentes de alfabetização.

Além da ajuda de custo, o PMALFA contava com suporte técnico, relacionado à contratação, por meio de seleção, de um assistente de alfabetização para cada turma de 1º e 2º anos, por um período de cinco ou dez horas semanais. A carga horária variava de acordo com a vulnerabilidade da escola, entendendo como escolas vulneráveis aquelas com as seguintes características: unidades com indicadores de baixo a médio no Índice de Nível Sócio-econômico do Inep; e aquelas em que mais da metade dos estudantes que participaram do Saeb/ANA tenham obtido resultados em níveis insuficientes nas três áreas analisadas, que são leitura, escrita e matemática. As escolas mais vulneráveis receberam apoio técnico de dez horas, para até quatro turmas, enquanto as não-vulneráveis tiveram apoio de cinco horas semanais, para até oito turmas.

O terceiro pilar, o mais estratégico, era relativo à formação de profissionais. Desde a criação do PMALFA, foram feitas formações presenciais e a distância para gestão de redes escolares e promoção de atividades pedagógicas. O Programa ofereceu um curso de desenvolvimento profissional, que funcionou como suporte no processo de formação de professores alfabetizadores e assistentes de alfabetização, estando habilitado para todos os perfis: gestores, coordenadores, professores e assistentes de alfabetização, cada um com seu itinerário. O curso possuía três módulos e, no total, uma carga horária de 40 horas, havendo certificação após a obtenção de pontuação mínima e o preenchimento de três formulários ao final do percurso. Esse curso ficaria disponível durante todo o andamento do programa.

O cálculo dos repasses era feito de acordo com o número de matrículas e de turmas informados no Censo Escolar do ano anterior ao da adesão. Foram consideradas as turmas com no mínimo dez matrículas de 1º e/ou 2º anos do ensino fundamental, e os recursos para o custeio correspondiam ao valor estimado anualmente a partir do Plano de Atendimento da unidade escolar. Levando em conta o cálculo unitário, eram repassados R$ 15 por matrícula de 1º ou 2º anos do ensino fundamental nas referidas turmas. Os assistentes de alfabetização que trabalhavam em unidades escolares vulneráveis recebiam R$ 300 por mês, por turma, o dobro do que era pago aos assistentes de alfabetização em escolas que não eram consideradas vulneráveis.

Os atores envolvidos no PMALFA e suas competências

Um dos profissionais mais envolvidos com o PMALFA era o assistente de alfabetização, peça-chave para a efetivação do programa. O professor alfabetizador estava diretamente envolvido nas atividades de planejamento, organização, desenvolvimento e supervisão das atividades em sala de aula, e passou a receber o apoio do assistente de alfabetização. O mais interessante foi perceber que muitos desses profissionais acabaram se engajando em outras políticas públicas, como o Novo Mais Educação. O assistente de alfabetização poderia atuar nos dois programas ao mesmo tempo, contanto que não fosse ultrapassado o número de turmas pelo Novo Mais Educação e o total de horas semanais do PMALFA.

Os assistentes de alfabetização ajudavam no trabalho do professor alfabetizador em funções pedagógicas, estimulando competências de leitura, matemática e escrita. Para realizarem as atividades em conjunto com o professor alfabetizador, eles poderiam ser professores formados, estudantes de pedagogia ou de magistério em nível médio em formação. Um mesmo assistente poderia atuar em mais de uma escola e em mais de uma turma, contanto que a carga horária semanal não ultrapassasse 40 horas.

As diretrizes do programa definiam as secretarias de educação como responsáveis pela seleção desses profissionais, atentando para sua qualidade técnica, tendo em vista a importante função que desempenhariam. Quando o Programa estava sendo desenvolvido pelo estado, havia um coordenador estadual; quando se organizava na esfera do município, existia um coordenador municipal. Esse profissional acompanhava a implantação do projeto e monitorava a execução nas escolas da rede de ensino, fazendo articulação com técnicos da secretaria para formação, orientação, acompanhamento e monitoramento pedagógico das unidades escolares. Muito importante ressaltar o papel das equipes de gestão escolar para a efetividade do programa.

Na época em que o PMALFA foi implementado, eu atuava como Secretário de Educação Básica e busquei aproximar o Consed e a Undime da equipe técnica do projeto. Essa proximidade facilitou a articulação com os estados e municípios a fim de que atuássemos junto às secretarias, para que elas pudessem atuar junto às suas escolas. Era minha função, como secretário, abrir anualmente o período de confirmação de adesão ao programa e articular a assinatura do termo de compromisso, tanto para as instituições que já faziam parte do programa quanto para aquelas que ainda estavam ingressando no PMALFA.

Pouco tempo depois do início das atividades, deixei o cargo de secretário para assumir o MEC, com a certeza de que haveria continuidade do trabalho. Os secretários ajudaram a garantir a seleção e um processo formativo adequado para os profissionais, sempre levando em conta a realidade local. Uma vez por mês, pelo menos, eram realizadas reuniões para avaliar a implementação das estratégias da Secretaria e propor novas ações, de acordo com o que era observado nas avaliações diagnósticas.

Levando em conta os diferentes níveis de responsabilidade, as funções relativas ao funcionamento do programa eram divididas entre o MEC; as unidades escolares; e os estados, os municípios e o Distrito Federal. A principal função do MEC consistia em fazer a articulação técnica e institucional com os governos estaduais, distritais e municipais, a fim de auxiliar na implementação e no monitoramento do programa. O Ministério também disponibilizava materiais informativos, reforçava o atendimento das escolas vulneráveis, dava suporte à rotina de acompanhamento sistemático e estabelecia regras para a seleção do assistente de alfabetização.

O MEC, portanto, tinha um papel de coordenação, definindo as diretrizes de criação do programa e prestando apoio por meio do guia de gestão, das rotinas de alinhamento e da capacitação das equipes das secretarias. Tínhamos uma governança instituída com os estados e municípios, dialogando sempre e trocando experiências. Havia, também, um respeito muito forte à autonomia do estado e dos municípios para definirem a política.

As secretarias de educação, além de garantirem que tivesse alguém responsável por orientar os programas e a gestão, tinham a incumbência de organizar os trabalhos de formação com os professores alfabetizadores do 1º e do 2º anos, bem como com os professores assistentes. O MEC estabeleceu critérios mínimos de seleção dos assistentes, sugerindo o perfil e os procedimentos de seleção que as secretarias deveriam trabalhar para que as escolas realizassem, mas a autonomia das instituições sempre foi respeitada.

O PMALFA foi pensado de forma cascateada em relação à formação dos atores. Percebemos que a entrada direta do MEC nas escolas muitas vezes desresponsabilizava a secretaria municipal de educação do seu papel junto às escolas. Também entendemos a importância das unidades escolares como instrumentos de fortalecimento dos processos de gestão. Firmamos uma parceria com o CAED/UFJF para a realização de trilhas e avaliações formativas, em ambiente virtual, que apoiassem as escolas nesse processo. Focamos, principalmente, no uso dos resultados das avaliações diagnósticas e formativas como instrumentos de suporte no processo de alfabetização. Realizamos uma avaliação amostral de fluência em leitura, com mais de 50 mil estudantes nas 27 unidades da federação.

Os estados, os municípios e o Distrito Federal colaboraram com a qualificação e a capacitação dos agentes educacionais (diretores, coordenadores pedagógicos, professores alfabetizadores e assistentes de alfabetização) e reforçaram o acompanhamento nas unidades escolares. Ao final do período estipulado pelo MEC, os estados, que monitoravam sistematicamente a evolução da aprendizagem, asseguravam a aplicação das avaliações diagnósticas e formativas. A eles também competia a assinatura do Termo de Compromisso com a alfabetização das crianças no 1º e no 2º anos do ensino fundamental, em caso de adesão ao programa. O documento indicava a obrigatoriedade de elaborar planos articulados de gestão e formação e reafirmava a garantia de realização de um processo seletivo simplificado que privilegiasse a qualificação do assistente de alfabetização.

As escolas eram as unidades que, efetivamente, aplicavam as avaliações e inseriam seus resultados no sistema de monitoramento do Programa. Elas exerceram o papel essencial, de articular as ações do programa para que pudessem ser executadas de forma plena. Aliados a essa articulação estavam o planejamento e a implementação de possíveis intervenções pedagógicas para garantir o cumprimento das metas do PMALFA.

Avaliação do Programa Mais Alfabetização

O MEC foi um dos responsáveis por monitorar e acompanhar o PMALFA, podendo vincular o pagamento da segunda parcela dos recursos de acordo com a atualização e o gerenciamento do sistema. Por isso, sempre foi importante que o diretor e o coordenador pedagógico lançassem e atualizassem os dados referentes ao programa. Para além da questão do repasse, o monitoramento dos resultados colocados no sistema era crucial para podermos medir os impactos do projeto.

Eram disponibilizadas, numa plataforma de monitoramento, avaliações diagnósticas e formativas para serem aplicadas aos estudantes em períodos específicos, a fim de observar o desenvolvimento da aprendizagem nos dois primeiros anos do ensino fundamental. O intuito era elaborar ações para que as crianças fossem alfabetizadas até o 2º ano dessa etapa, respaldadas pelas diretrizes da BNCC. Para isso, a avaliação fornecia testes e relatórios, com indicadores confiáveis, que auxiliavam no desenvolvimento de ações pedagógicas, na formação dos assistentes e na execução do programa.

Além de disponibilizar as informações do sistema, a plataforma de monitoramento fornecia as avaliações diagnósticas de entrada, intermediária e de saída. A avaliação inicial visava medir o nível de alfabetização das crianças no início do programa, projetando o trabalho futuro; a avaliação intermediária acompanhava o andamento do processo; enquanto a de saída avaliava as dificuldades e os progressos, a fim de corrigir as possíveis falhas.

O objetivo dos testes era oferecer às escolas artifícios para que pudessem ter um diagnóstico detalhado das habilidades básicas essenciais desenvolvidas pelos estudantes nos primeiros anos do ensino fundamental. Os exames periódicos foram aplicados em todas as turmas que aderiram ao programa e em algumas que não aderiram, a título de comparação e análise da efetividade das ações.

A realização dos testes e o monitoramento não seriam possíveis sem a parceria que firmamos entre o MEC e o CAED/UFJF, esse último responsável por elaborar as avaliações. As unidades da mesma rede não compartilhavam a prova, pois existiam modelos diferentes, e cada escola deveria acessar seu sistema para aplicar os exames a ela vinculados. Os resultados eram encaminhados pelo CAED para cada escola, junto com um roteiro de leitura de interpretação dos dados. O monitoramento geral do programa, por sua vez, foi feito por meio do conjunto de informações disponibilizadas por cada um dos atores da rede de avaliação, que tornaram públicos os dados para professores, estudantes, pais e gestores.

Quanto ao Assistente de Alfabetização, seu monitoramento consistia no lançamento das atividades no sistema, inserindo a carga horária de cada atividade, descrevendo a atividade e associando-a às habilidades trabalhadas. Também era o assistente de alfabetização que fazia o controle da frequência dos alunos. Em 2018, a avaliação do PMALFA contou com 991 escolas.

Mais Educação e Novo Mais Educação

O Novo Mais Educação, colocado em prática entre 2016 e 2017, foi um programa criado pelo MEC para substituir o Mais Educação, que já estava em vigor anteriormente. O novo projeto foi um indutor da educação integral e, desde que começamos a fomentar as ideias do projeto, o intuito era traçar estratégias com o objetivo de melhorar a aprendizagem nas disciplinas de Língua Portuguesa e Matemática no ensino fundamental.

Para atingirmos essa meta, dedicamo-nos à ampliação da jornada escolar de crianças e adolescentes e à otimização do tempo de permanência dos estudantes nas escolas públicas do ensino fundamental. Como as turmas do Programa Novo Mais Educação eram mistas – ou seja, compostas por estudantes de séries diferentes de uma mesma etapa – tivemos que pensar em atividades que envolvessem todos os alunos, nas áreas de artes, cultura, esporte e lazer, respeitando as grades de turno e contraturno escolar.

As principais mudanças do Mais Educação em comparação com o Novo Mais Educação ocorreram em relação a objetivo, forma de funcionamento, adesão, público-alvo e articulação com os atores envolvidos. O foco do Mais Educação estava na ampliação do tempo escolar por meio da oferta de tempo integral, com jornada igual ou superior a sete horas diárias ou 35 horas semanais no contraturno. O Novo Mais Educação tinha uma finalidade diferente: desenvolver os estudos de língua portuguesa e matemática por meio da ampliação da carga horária de atendimento aos estudantes.

Até 2016, a escola deveria oferecer pelo menos um programa de acompanhamento pedagógico em qualquer disciplina, com duração de seis horas semanais, além de três atividades extras. A partir de 2017, as escolas que optaram pelo modelo de cinco horas passaram a realizar uma atividade de Língua Portuguesa e outra de Matemática, com duas horas e meia de duração cada. As que decidiram pelas 15 horas ofertaram mais quatro horas a cada uma das duas disciplinas, além de outras três atividades, divididas entre as sete horas restantes. O plano completo deveria ser inserido no PDDE Interativo.

A adesão, que antes era feita pelas próprias escolas, pelo PDDE Interativo, passou a ser realizada por intermédio das secretarias municipais e estaduais de educação, e a indicação dos participantes passou a ser feita pelo Sistema Integrado de Monitoramento, Execução e Controle (Simec) do MEC. Entre 1º e 15 de dezembro de 2017, as secretarias, com a indicação das escolas vinculadas habilitadas, aderiram ao Programa Novo Mais Educação. Todas as escolas que tinham no mínimo 20 matrículas puderam se cadastrar. Dessa maneira, cada instituição poderia inscrever no mínimo 20 estudantes e, no máximo, o equivalente ao número de matrículas do ensino fundamental regular registrado no Censo Escolar do ano anterior ao da adesão ao programa. É interessante destacar que sempre buscamos priorizar aqueles estudantes que estivessem em situação mais vulnerável, de modo que era priorizado quem ainda apresentasse alfabetização incompleta ou letramento insuficiente, conforme resultados de avaliações próprias.

Depois da adesão das secretarias, para que as escolas pudessem ser contempladas com os recursos financeiros, as unidades deveriam elaborar e enviar à SEB do MEC o Plano de Atendimento da Escola, por meio do Sistema PDDE Interativo.

Diferentes desafios, novos objetivos

Com a chegada do Novo Mais Educação, tivemos uma mudança orçamentária muito forte no MEC. Nessa transição, não conseguiríamos atender, de imediato, a todas as escolas, de forma que foi necessário estabelecer prioridades. Nosso foco, a princípio, não foi somente fomentar o tempo integral em si – esse papel de incorporar as políticas era dos estados e dos municípios –, mas pensar na aprendizagem. Tanto era assim que o primeiro critério que estabelecemos era o de garantir que o programa chegasse o mais rápido possível a escolas com baixos indicadores sociais e educacionais.

Apesar de ser uma decisão dos estados, o MEC forneceu uma grande rede de apoio. Fizemos reuniões presenciais e por videoconferência, trocamos experiências e orientamos até mesmo nas questões burocráticas ligadas aos gastos dos recursos. Nem sempre é fácil lidar com a execução orçamentária, porque é preciso ter um bom processo de aquisição e compra, um termo de referência bem-feito e um projeto básico estruturado. Parece trivial, mas demanda muito esforço. Não foi simples, portanto, pensar nas estratégias de uma política pública desse porte, para que não fosse perene. Os estados também estavam investindo bastante na ideia, e foram feitas trocas muito ricas de conhecimento a partir das conversas com as secretarias de educação.

Entre 2016 e 2017, o Novo Mais Educação teve bastante recurso e seus impactos foram evidentes. Nesse ponto, o CAED/UFJF teve forte influência, promovendo como um potente instrumento de avaliação por meio da sistematização e da consolidação dos resultados, mostrando o retorno de cada etapa do programa e provando que o Novo Mais Educação é uma política importante.

No outro ciclo, a partir de 2017, tivemos uma redução importante, e decidimos dedicar nossos esforços para as escolas mais vulneráveis, concentradas sobretudo nas regiões norte e nordeste do país. Diante de um reajuste orçamentário, tivemos que fazer adequações e redirecionar nossos objetivos. Entre os critérios de equidade para as escolas que mais precisavam, privilegiamos o nível sócio-econômico do Ideb. Seguindo essa lógica, buscamos uma mudança de pensamento para entender o impacto da isonomia na qualidade dos estudos dentro do programa.

O público-alvo do Mais Educação era mais restrito em relação ao novo modelo do programa. No primeiro, as escolas urbanas que quisessem aderir deveriam ter sido contempladas pelo Plano de Desenvolvimento da

Escola (PDE-Escola)⁴, ter pontuação no Ideb inferior a 4,6 nos anos iniciais do ensino fundamental e 3,9, nos anos finais, ou 50% ou mais dos estudantes inseridos no Bolsa Família. Já as escolas rurais precisavam estar localizadas em municípios com pelo menos 15% da população analfabeta, 25% em situação de pobreza ou 30% morando no campo, ou localizadas em assentamentos de 100 ou mais famílias, em áreas quilombolas ou indígenas. A partir da implementação do Novo Mais Educação, foram priorizadas as escolas que haviam recebido recursos na conta PDDE Educação Integral entre 2014 e 2016, possuíam baixo nível sócio-econômico segundo a classificação do INEP e apresentavam baixo desempenho no Ideb.

Pensando nos dois programas, entendo que podemos identificar importantes avanços. Para reforçarmos ainda mais as ideias do projeto, incluímos ainda o acompanhamento pedagógico específico para redução de abandono, reprovação e distorção idade/ano entre o 3º e o 9º anos do Ensino Fundamental.

Articuladores, mediadores e facilitadores

O Novo Mais Educação era coordenado técnica e financeiramente pelo MEC, mas sempre buscamos articulação institucional e cooperação com as secretarias estaduais, municipais e distrital de educação. O programa exigiu esforço coletivo. Contamos com o apoio

---

⁴ O PDE-Escola reunia diversos programas diferentes voltados ao apoio à gestão escolar baseado no planejamento participativo, principalmente por meio de repasse de recursos financeiros.

de diversos setores da área da educação, mas precisamos dar destaque aos três pilares do projeto: articuladores, mediadores e facilitadores.

O articulador da escola era um profissional indicado no Plano de Atendimento da Escola e previamente cadastrado pelo diretor da instituição, por meio do PDDE Interativo. Esse profissional deveria, necessariamente, ser professor, coordenador pedagógico ou possuir um cargo equivalente com carga mínima de 20 horas. Não recebia retribuição financeira complementar, já que profissional da própria rede (uma das contrapartidas para a adesão ao programa), e exercia um papel fundamental: garantir a integração do Programa com Projeto Político Pedagógico (PPP) da escola. Por isso, sugerimos que fosse dada preferência aos profissionais que já estavam lotados na unidade. Além disso, o articulador era o responsável por coordenar e organizar as atividades da escola, divulgando informações sobre o desenvolvimento delas para fins de monitoramento e promovendo a interação da unidade escolar com a comunidade.

Por sua vez, a realização das atividades de acompanhamento pedagógico ficava a cargo do mediador de aprendizagem. De forma articulada com os professores nas aulas regulares, ele oferecia apoio nas disciplinas de Matemática e Língua Portuguesa, empregando tecnologias e metodologias complementares às que os professores já utilizavam em suas turmas. Cada mediador poderia atuar em, no máximo, dez delas e, para desempenhar suas atividades, era necessária a assinatura do Termo de Adesão e Compromisso do Voluntário, que estabelecia a natureza voluntária do trabalho.

O terceiro grupo de atores educacionais envolvidos no Programa Novo Mais Educação era o de facilitadores, que cuidavam da realização das sete horas de atividades artísticas, culturais ou esportivas, escolhidas pela escola. Poderiam participar professores efetivos da Secretaria de Educação, com carga horária disponível, contanto que fosse respeitado o limite de até dez turmas por facilitador. Para a escolha dos profissionais, orientamos que fossem observadas as disposições do caderno de orientações pedagógicas, buscando encontrar voluntários compatíveis com as atividades a serem realizadas. Os únicos impedidos, em qualquer hipótese, de assumir função de articulador, mediador ou facilitador eram os diretores das escolas.

Cada uma das Secretarias de Educação, no ato de adesão, indicou um coordenador municipal, distrital ou estadual para fazer o acompanhamento do programa. O único caso que fugiu a essa regra foi o Distrito Federal que, por não ter nenhum município, fez apenas uma indicação. O coordenador do programa era quem validava os relatórios das unidades vinculadas à sua secretaria e elaborava os chamados Relatórios Globais de Atividades. Sua jornada e seu horário deveriam ser compatíveis com a função, mas não havia exigência de cumprimento mínimo de carga horária.

Para a indicação dos coordenadores, a portaria estabeleceu critérios gerais, bem como perfil, disponibilidade de trabalho e atividades a serem realizadas. Em conjunto com o Consed e a Undime, reunimo-nos com as secretarias estaduais para demonstrar a importância desses critérios, de modo que todos foram estabelecidos em conjunto.

Apesar de o trabalho, em si, ser de natureza voluntária, existiam benefícios mensais para os atores envolvidos no projeto. Em relação a esses valores, foram definidos os seguintes critérios: as escolas urbanas que implementassem a carga horária complementar de 15 horas receberiam R$ 150 por turma de acompanhamento pedagógico e R$ 80 por turma das atividades de livre escolha; as escolas urbanas que optassem pela carga complementar de cinco horas receberiam R$ 80.

Os valores correspondiam ao montante estimado no Plano de Atendimento da Escola, sendo calculados de acordo com o número de estudantes informados no plano e as turmas correspondentes, para o período de oito meses.

Além dos recursos para mediadores e facilitadores, as escolas receberam recursos para aquisição de material de consumo e na contratação de serviços necessários às atividades complementares. O valor por estudante informado no Plano de Atendimento da Escola para escolas urbanas e rurais que implementassem carga horária complementar de 15 horas era de R$ 15 e, a cada adesão de estudante no regime complementar de cinco horas, eram recebidos R$ 5. Para as escolas rurais, o valor do ressarcimento por turma era 50% maior do que o estabelecido para escolas urbanas.

Os recursos do Novo Mais Educação eram transferidos pelo FNDE diretamente em conta bancária específica aberta pelas unidades escolares por meio do PDDE. Segundo dados da Diretoria de Currículos e

Educação Integral, o valor estimado de repasse para as escolas estaduais, no período de 2016 a 2018, era de mais de R$ 21 milhões (além dos aproximadamente R$ 13 milhões já repassados), e o número de alunos chegaria a 112.284. No mesmo período, nas instituições municipais, estimava-se um valor superior a R$ 130 milhões (além dos mais de R$ 218 milhões repassados na primeira parcela), com um total de 992.197 alunos

Monitoramento

A revitalização do Novo Mais Educação aproximou o programa não só do público-alvo, como também dos atores educacionais envolvidos no projeto. Por meio do monitoramento, conseguimos, pela primeira vez, identificar quem eram os monitores, com quais colegas eles estavam trabalhando e os estudantes que estavam sendo beneficiados. A partir desse monitoramento, as secretarias de educação e as escolas passaram a contar com dados sistematizados que forneceram uma visão estratégica de como estava a implementação do programa na rede, permitindo a identificação de pontos de atenção e qualificando a atuação das secretarias na sua resolução.

Cada um dos atores passou a ter acesso a informações de sua competência. Os perfis de diretor e articulador tinham acesso irrestrito ao sistema, podendo inserir ou modificar dados na plataforma. Os secretários de educação dos estados, dos municípios e do Distrito Federal também possuíam acesso ao sistema, mas o perfil era limitado a consultas de dados consolidados, como o número e o percentual de escolas, de estudantes e de turmas cadastradas, bem como o número de mediadores e facilitadores cadastrados.

Um dos monitoramentos, planejado pelo CAED/UFJF, diz respeito a um processo avaliativo sobre o acompanhamento pedagógico em matemática e língua portuguesa. Para isso, foi disponibilizado um conjunto de avaliações que estão agrupadas em três níveis: alfabetização, do 3º e do 4º anos; letramento I, relativo ao 5º e ao 6º anos; e letramento II, incluindo 7º, 8º e 9º anos. Essas avaliações foram consideradas como um diagnóstico de entrada e serviram para delimitar as ações de acompanhamento pedagógico das escolas, além das ações formativas que foram planejadas no âmbito da SEB do MEC para articuladores e mediadores.

As avaliações tratavam das habilidades básicas aplicadas ao estudante, não à turma. Na devolutiva do monitoramento, foram apresentados os resultados, a análise pedagógica sobre o desempenho dos estudantes nos testes e um roteiro auxiliar para leitura e interpretação. Não houve vinculação entre a realização da avaliação e a liberação da segunda parcela dos recursos, mas os estudantes foram estimulados a fazer uma avaliação diagnóstica de entrada, a fim de nortear as ações formativas planejadas pelo MEC.

CAPÍTULO 9

A importância da avaliação educacional em diferentes níveis e contextos

Tal qual outros episódios narrados neste livro, minha experiência com as avaliações educacionais está dividida em três contextos distintos: minha atuação como Secretário no Amazonas, como Secretário e Ministro no MEC e como Secretário em São Paulo. Sendo assim, considero importante, aqui, fazer uma separação bem clara entre cada um desses períodos.

Isso porque a política e a gestão em torno da avaliação educacional no nível estadual trazem características e especificidades que diferem bastante do nível nacional. E quando observamos os dois estados onde atuei, não há como ignorar as enormes diferenças entre o imenso e intransponível Amazonas e a populosa e cosmopolita São Paulo – praticamente dois extremos da realidade brasileira. Soma-se a isso a pandemia de Covid-19 que, pouco mais de um ano após eu assumir o cargo, forçou um redesenho das estratégias e do perfil das avaliações no estado paulista.

Estive como Secretário do Amazonas entre 2012 e 2016, e foi justamente durante esse período que os estudantes da rede estadual deram os seus maiores saltos. Para se ter uma ideia, nos anos iniciais do ensino fundamental, nossa rede estadual avançou de 4,8 para 5,8 no Ideb, entre 2011 e 2017; nos anos finais, a evolução no mesmo período foi de 3,9 para 4,6. Mas o grande destaque está reservado ao ensino médio, tendo em vista que o Amazonas saiu de um Ideb de 3,0, em 2013, para, logo depois em 2015, alcançar 3,5 pontos.

Costumo dizer que sempre tive uma visão de gestão muito focada em resultados, mas essa é uma afirmação que pode ter mil significados diferentes. Afinal, não é necessário ser um especialista para saber mais ou menos quais resultados na educação seriam desejáveis por qualquer gestor. Por exemplo, ter todas as crianças e todos os jovens na escola, com alta frequência, aprendendo a ler e a escrever na idade certa, desenvolvendo habilidades e competências mais complexas ao longo dos anos, para, ao fim do percurso, estarem prontos para seguirem o caminho que desejam para suas vidas. Certamente, ninguém discordará de nada disso.

Contudo, para cada um desses objetivos gerais, há diversos indicadores que nos revelam quão distantes ou próximos estamos de alcançá-los. Aprender a ler, por exemplo, implica tanto saber decodificar palavras e pronunciá-las de forma adequada e no ritmo correto quanto extrair sentidos do texto, seja por meio do reconhecimento do tema, seja pela capacidade de localizar informações. O desenvolvimento da leitura, um marco fundamental do percurso escolar de qualquer estudante, engloba diferentes competências e habilidades, cujo desenvolvimento só pode ser verificado por meio de avaliações educacionais. O mesmo pode ser dito dos demais marcos importantes do desenvolvimento do estudante.

Digo tudo isso com o objetivo de esclarecer o que seria essa gestão focada em resultados. Não se trata de pressionar o outro para atingir uma determinada meta – o que seria errado e não renderia resultados positivos –, mas de acompanhar todos os passos dados na direção do que almejamos, de tal forma que possamos corrigir as rotas que não estão nos levando aonde queremos. Por sua vez, esse é um percurso que nunca é realizado por uma única pessoa. Da Secretaria às salas de aula, cada um deposita uma contribuição própria e fundamental.

Por isso, jamais poderia conceber uma gestão educacional pública pautada na avaliação sem envolver e engajar todos os atores que fazem a educação de fato acontecer. Se as instâncias superiores de uma rede estadual estão sempre interessadas em dados para medir a eficácia de suas políticas, por outro lado, sabemos que há uma resistência maior quando adentramos o nível da escola, no qual diretores e professores podem se sentir em uma atmosfera de controle e cobrança a respeito de um trabalho que, muitas vezes, é realizado sob condições difíceis.

Não seria justo, por exemplo, pegar os resultados de uma avaliação educacional e simplesmente apontar para o profissional de uma escola do interior ou da capital do Amazonas que ele ou ela precisa alcançar, em um dado período de tempo, uma meta estabelecida pela rede, tendo em vista que o resultado obtido por seus estudantes estaria insatisfatório. Preciso, antes de tudo, que esse profissional consiga fazer uma leitura dos resultados e compreenda exatamente o que eles significam em termos de ensino e aprendizagem; depois, que seja capaz de enxergar a sua escola nesses números, para, a partir daí, começar a encarar a avaliação como uma ferramenta que dará apoio à realização do seu trabalho.

Uma nova cultura voltada a resultados no Amazonas

Meu contato inicial com a avaliação educacional se deu por meio do Sistema de Avaliação do Desempenho Educacional do Amazonas (Sadeam), quando eu ainda era Diretor de Planejamento da Secretaria de Educação. Desde esse período, já percebia os desafios de promover ampla participação e engajamento de professores e gestores em um estado com as peculiaridades do Amazonas, que conta com regiões e municípios pouco acessíveis. Portanto, ao assumir como Secretário de Educação, em 2012, uma de minhas primeiras medidas foi a criação da Gerência de Avaliação, cujas atribuições contemplavam desde a aplicação da avaliação até a apropriação e o uso dos resultados por parte dos profissionais da rede.

Ações desse tipo não podem ser centralizadas, ainda mais em um estado com as peculiaridades geográficas do Amazonas. Dar capacidade e autonomia a professores e gestores para se debruçarem sobre os resultados e desenvolverem estratégias de acordo com o seu contexto e em consonância com a Secretaria sempre foi o nosso objetivo. Isto é, um movimento duplo e articulado da Secretaria tanto de fazer-se presente e atuante como de dar condições para que as escolas e seus atores construam um caminho por conta própria. Por isso, uma das primeiras medidas que implementamos nesse sentido foi a construção de Grupos de Trabalho (GT), que atuavam na análise dos resultados das avaliações e na formação de professores e gestores para a apropriação e uso desses dados.

Para cada área do conhecimento avaliada, criamos um GT formado por professores especialistas que se debruçavam sobre os dados e, depois, promoviam oficinas metodológicas com base nos principais desafios apontamos pelos resultados. As oficinas, por sua vez, eram ministradas para cada uma das coordenadorias de ensino[1] do estado, de modo que o conhecimento produzido na análise dos dados da avaliação, por parte da equipe de especialistas do GT, fosse multiplicado a todos os profissionais da rede. Na capital e nas cidades mais próximas, esses encontros eram realizados presencialmente, enquanto no interior recorríamos à praticidade proporcionada pela tecnologia do Centro de Mídias.

Como os GT eram formados por técnicos que antes atuavam como professores da própria rede, esse projeto fez com que o diálogo fluísse de forma mais tranquila e eficiente. Em vez de "instância superior x chão da escola", passamos a ter pedagogo conversando com pedagogo, professor de Matemática conversando com professor de Matemática. A ideia era sempre fazer

---

[1] A rede estadual do Amazonas é dividida em diferentes coordenadorias de ensino, responsáveis pela supervisão das ações nos níveis dos municípios. Com exceção de Manaus, que possui sete coordenadorias, todos os demais municípios possuem uma coordenadoria própria.

com que os profissionais das escolas reconhecessem aqueles resultados e fossem instigados a investigar mais. Começávamos, portanto com perguntas, como: "Veja o resultado deste aluno na avaliação. Aqui indica que ele ainda não aprendeu álgebra. Vocês concordam com isso?". Jamais com o intuito de buscar culpabilização, um questionamento desse tipo leva o professor ou a professora a pensar mais a respeito do resultado. Geralmente, nossa equipe recebia respostas positivas: "Ah, sim, esse aluno realmente tem dificuldades nessa área...", o que fazia com que uma primeira barreira de resistência já fosse rompida e os profissionais se vissem mais abertos a explorar outras nuances dos dados.

Junto a esse processo mais próximo de análise dos dados do Sadeam, tínhamos três revistas de divulgação de resultados, produzidas em parceria com o CAEd/UFJF: Revista do Sistema de Avaliação, voltada à Secretaria; Revista da Gestão Escolar, voltada à direção das escolas; e as Revistas Pedagógicas correspondentes a cada etapa da escolaridade e a cada disciplina avaliada, cujo público eram os professores.

A partir de 2015, também publicamos encartes com foco na análise sistemática dos resultados da avaliação, direcionados a professores e equipes pedagógicas das escolas. Esses encartes continham protocolos que orientavam para a compreensão dos resultados com vista à tomada de decisões, sendo divididos em três partes: uma seção de caracterização da escola, com o preenchimento de uma tabela disponível; outra com um roteiro para a compreensão das possíveis causas do resultado observado; e uma seção voltada à elaboração de um planejamento pedagógico com foco na melhoria do desempenho dos estudantes.

A parceria com o CAED/UFJF também rendeu outras formações importantes, como uma capacitação mais aprofundada, que reuniu cerca de 240 professores da rede. Intitulada Oficina de Apropriação dos Resultados do Sistema de Avaliação do Desempenho Educacional do Amazonas, tinha como objetivo instruir sobre os fundamentos e objetivos das avaliações em larga escala e orientar sobre a análise técnica dos índices obtidos pelas escolas, com a finalidade de projetar melhorias para a aprendizagem dos estudantes.

Foram tantas formações e ferramentas desenvolvidas com foco na apropriação dos resultados que, se eu descrevesse todas aqui, este capítulo viria a adquirir ares um tanto repetitivos. Deixo aqui, portanto, alguns exemplos importantes, ao mesmo tempo que reforço a necessidade de que políticas desse tipo sejam promovidas de forma abrangente e constante. Afinal, não se muda uma cultura de uma hora para outra, sendo necessária certa insistência para que os atores compreendam a nossa proposta e venham a abraçar essa nova forma de trabalho, dominem a sua técnica e coloquem-na em prática.

Não é preciso fazer o esforço de inserir-se no lugar do outro para compreender esse processo, basta visualizar a situação em seu próprio contexto de atuação. Imagine que durante muito tempo você realizou o seu trabalho de uma forma específica, sobre a qual se encontra minimamente satisfeito, até que uma instância superior propõe uma nova forma de olhar para os resultados que você tem alcançado. Certamente, haverá resistência e alguma desconfiança no início. É necessário ser convencido de que essa técnica fará com que o trabalho melhore e torne-se mais eficiente, bem como que resultados mais animadores sejam obtidos. A resistência ao novo é natural do ser humano, assim como o desejo de evoluir e contribuir mais. Deve-se, portanto, com paciência e empatia, superar a primeira para que possamos, em seguida, estimular a segunda.

Sendo assim, uma forma que encontramos de estimular essa vontade inerente a todos de melhorar o próprio trabalho foi aliar a avaliação educacional a propostas de premiação e bonificação com base em resultados alcançados. Pois, se a gestão se baseia em resultados, de modo que todos estão se apropriando e fazendo uso dos dados desde a Secretaria até o nível dos professores, é fundamental que sejam também estabelecidas metas. E quando as metas são atingidas, a experiência e a própria literatura sobre gestão educacional têm mostrado a importância de se valorizar tal conquista, principalmente por meio de premiações, tanto simbólicas quanto com bônus financeiro.

A partir dos resultados do Sadeam, definíamos metas anuais para os quatro anos seguintes, nos moldes do Ideb, que deveriam ser alcançadas pelas escolas. De acordo com o sucesso das unidades escolares no cumprimento dessas metas, seus profissionais poderiam receber o pagamento de 14º, 15º e até de 16º salários, conforme o Prêmio de Incentivo ao Cumprimento de Metas para os Profissionais da Educação Estadual – que englobava desde a direção escolar até o vigia, pois entendemos que todos são, de alguma forma, corresponsáveis pelo mérito conquistado. Além disso, também promovemos o Prêmio Escola de Valor àquelas com melhor desempenho no Índice de Desenvolvimento da Educação do Amazonas (Ideam)[2] e no Ideb, cujas metas eram específicas de acordo com a tipologia de cada escola (convencional, de tempo integral ou Centro de Educação de Tempo Integral) e seu nível de atendimento (anos iniciais do ensino fundamental, anos finais do ensino fundamental e ensino médio). As escolas premiadas recebiam uma quantia que variava de R$ 20 mil a R$ 50 mil, com metas crescentes a cada ano.

Para termos uma dimensão melhor, somente em 2012, a Seduc-AM repassou quase R$ 11 milhões a 219 escolas estaduais da capital e do interior referente ao Prêmio Escola de Valor. Além disso, naquele ano, 81 unidades receberam o 14º salário, contemplando 3.351 servidores; em outras 46, houve o pagamento de 14º e 15º salários a 2.219 funcionários. Premiar, dessa forma, é reconhecer o empenho dos educadores e a importância de seu trabalho para a sociedade, além de incentivar que mais profissionais de outras escolas busquem a excelência em seus indicadores.

O leitor pode perceber como criamos, no Amazonas, um ambiente favorável ao uso dos dados. Pouco adiantaria desenvolver instrumentos sofisticados e aplicá-los a toda a nossa população de estudantes se, no fim das contas, tais instrumentos não fossem apropriados

---

[2] Parecido com o Ideb, o Ideam era o índice de desenvolvimento educacional local do Amazonas, calculado por meio da proficiência do estudante obtida no Sadeam e da taxa de aprovação.

e utilizados por aqueles que fazem a educação acontecer no dia à dia. Em um estado tão amplo, que precisa praticamente ser desbravado por dias para que um teste chegue a um estudante do interior, com tantos desafios sociais e econômicos, mostramos que é possível mudar a cultura educacional por meio de um trabalho incansável, que aliou diálogo e busca por resultados.

Acompanhando os resultados de cima:
a avaliação no nível nacional

No nível nacional, o papel do MEC na aplicação de avaliações em larga escala é bastante diferente das gestões estaduais. Se na rede do Amazonas era possível realizar um trabalho mais próximo dos gestores e dos professores, com uma devolutiva de resultados acompanhada de um diálogo entre Secretaria e escola, a situação já não é mais a mesma quando estamos no MEC, aplicando avaliações para estudantes de norte a sul em um país como o Brasil.

No campo da avaliação educacional, o MEC cumpre o papel de um farol que ilumina os caminhos específicos que as redes de ensino precisam percorrer para alcançar suas metas e seus objetivos. Isto é, dentro de seus contextos particulares, com suas políticas específicas de gestão e de incentivo, cada rede traça estratégias próprias para o cumprimento das metas de aprendizagem, com base nos resultados obtidos nas avaliações do Saeb.

Já citei brevemente o Saeb em outros capítulos, mas acredito que caiba aqui um detalhamento maior sobre a sua importância no desenvolvimento da educação do país. Como sabemos, o Saeb não representa um teste especificamente, mas um conjunto de avaliações externas em larga escala que permitem realizar um diagnóstico da educação básica brasileira e de fatores que possam interferir no desempenho do estudante. Coordenado pelo Inep, que é uma autarquia federal vinculada ao MEC, o Saeb é realizado por meio de testes e questionários, aplicados a cada dois anos, na rede pública e em uma amostra da rede privada.

Os resultados dos estudantes nas avaliações do Saeb são calculados com base em uma escala de proficiência, que permite identificar o conjunto de habilidades e saberes que já desenvolveram e ainda precisam desenvolver. Esse desempenho escolar, junto às taxas de aprovação, reprovação e abandono, capturadas por meio do Censo Escolar, dão origem ao Ideb, o mais importante indicador nacional de acompanhamento da nossa educação. Tanto a proficiência dos estudantes em cada uma das disciplinas avaliadas no Saeb quanto o Ideb funcionam como subsídio para a elaboração, monitoramento e aprimoramento de políticas educacionais.

Em 2017, o Saeb ainda era dividido em três avaliações diferentes: Avaliação Nacional da Alfabetização (ANA), aplicada às crianças do 2º ano do Ensino Fundamental; Avaliação Nacional da Educação Básica (Aneb), que contemplava os estudantes do 3º ao 5º anos do Ensino Fundamental e do 3º ano do Médio, de forma amostral; e a Avaliação Nacional do Rendimento Escolar (Anresc), também conhecida como Prova Brasil, que avaliava estudantes do 5º ao 9º anos. Quando assumi a Secretaria de Educação Básica, sob a liderança do ministro Mendonça Filho, promovemos uma mudança importante, que teve efeitos tanto práticos quanto simbólicos, de descontinuidade do uso dessas siglas e nomenclaturas. Com isso, todas as avaliações nacionais passaram a ser identificadas pelo nome Saeb, acompanhado das etapas, áreas de conhecimento e tipos de instrumentos envolvidos. As aplicações passaram a se concentrar nos anos ímpares e a divulgação dos resultados, nos anos pares.

Como ressaltado, nessa época, a avaliação do Ensino Médio do Saeb era realizada de forma amostral pela Aneb. Consideramos que era essencial torná-la censitária, de modo que tivéssemos, assim como para as etapas de ensino anteriores, um instrumento que servisse ao uso de todas as redes e escolas do país. Isso porque o resultado amostral, embora bastante fidedigno, serve à macropolítica, que busca olhar a realidade de forma mais abrangente e agregada, como é o caso do MEC; no entanto, pouco serve às redes e menos ainda às unidades escolares que precisam justamente lançar luz sobre especificidades e casos individuais. Sendo assim, passamos a avaliar todas as escolas públicas brasileiras que oferecem o 3º ano do ensino médio, de modo que cada uma passou a ter acesso aos resultados individuais do Saeb e ao Ideb. Além disso, as escolas particulares passaram a ter a possibilidade de adesão à avaliação, por meio do pagamento de uma taxa de participação que varia de acordo com a quantidade de estudantes matriculados.

Em junho de 2018, já como ministro da educação, anunciei que, a partir do ano seguinte, a educação infantil também seria avaliada por meio do Saeb. Como estamos falando de crianças muito novas, que se encontram ainda na largada de sua trajetória escolar, entendemos que não seria correto aplicar testes padronizados em larga escala da forma como é feito com os anos escolares seguintes. A metodologia se daria, portanto, a partir da aplicação de questionários a dirigentes, diretores e professores, bem como pela coleta de dados de infraestrutura, fluxo e formação de docentes com base no Censo Escolar, de tal maneira que os estudantes da educação infantil não realizariam testes.

Na época, destaquei a importância dessa avaliação, que considero um marco histórico na educação de nosso país, uma vez que, nas últimas décadas, aumentamos consideravelmente o acesso à educação infantil, porém, não conseguimos olhar para os fatores de qualidade dessa etapa. Além disso, a BNCC antecipou a meta de alfabetização do país para a faixa etária de sete anos, idade em que a criança está matriculada no 2º ano do ensino fundamental. Portanto, quanto mais cedo produzirmos informações sobre o desenvolvimento de nossas crianças, mas condições teremos de contornar os obstáculos e alcançar o resultado almejado. Sendo assim, com a avaliação da educação infantil, seríamos capazes de responder a uma pergunta tão básica quanto fundamental: que educação está sendo ofertada nas creches e na educação infantil das unidades públicas de nosso país?

O biênio 2017-2018 foi bastante rico de ações e propostas relacionadas à avaliação em larga escala em nível nacional. Além de tornarmos censitária a avaliação do 3º ano do ensino médio e inserirmos a educação infantil no Saeb, anunciamos a inclusão de ciências da natureza e ciências humanas nos testes voltados ao 9º ano do ensino fundamental. Também começamos a desenvolver pesquisas e discutir propostas de aplicação do Saeb de forma eletrônica.

Como é possível observar, o objetivo da avaliação educacional está relacionado à necessidade de respondermos a perguntas que nos são caras para a realização de uma boa gestão da educação pública. Sendo assim, no campo da avaliação em larga escala, devemos sempre guiar o nosso trabalho a fim de ampliar essas informações, não só em termos de quantidade, mas, principalmente, de qualidade, de modo que mais perguntas possam ser respondidas de maneira clara e consistente.

São Paulo: continuidade no SARESP e inovação diante da pandemia

Muitas informações sobre a política de avaliação educacional do estado de São Paulo, que desenvolvi e implementei enquanto Secretário da Educação, já adiantei no Capítulo 1, sobre as ações no contexto da pandemia de Covid-19. Tendo isso em vista, contarei um pouco sobre as ações ainda em 2019, que dizem respeito principalmente ao SARESP, e aprofundarei alguns pontos já abordados anteriormente.

O SARESP é a principal avaliação em larga escala aplicada no estado paulista, que verifica a aprendizagem dos estudantes de 3º, 5º, 7º e 9º anos do ensino fundamental e do 3º ano do ensino médio, nas áreas de língua portuguesa, matemática, ciências humanas, ciências da natureza e redação. Trata-se de uma avaliação somativa, elaborada nos moldes do Saeb; isto é, aplicada ao final de um ciclo escolar com o objetivo de verificar o cumprimento das expectativas de aprendizagem desde o nível da rede até o do estudante.

Assim como o Saeb possui o Ideb, em São Paulo temos o Índice de Desenvolvimento da Educação do Estado de São Paulo (Idesp), por meio do qual são estabelecidas as metas para a melhoria da qualidade do ensino e o cálculo do bônus por desempenho pago aos servidores da rede. Percebe-se que essas políticas se assemelham bastante àquelas que implementamos na rede do Amazonas, de modo que, ao assumir o cargo de Secretário de São Paulo, senti certa familiaridade com as ações em andamento, o que facilitou o meu trabalho, mesmo diante dos desafios imensos proporcionados pela rede pública de ensino do maior estado do país.

Em 2019, o SARESP foi aplicado pela Fundação para o Vestibular da Universidade Estadual Paulista (VUNESP) entre no mês de novembro, com uma importante novidade, que foi o SENA, um instrumento de avaliação sócio-emocional e de fatores associados, como variáveis sócio=econômicas e de clima escolar, desenvolvido em parceria com o Instituto Ayrton Senna. O SENA abordou questões relevantes, como a importância de frequentar a escola para o desenvolvimento das competências sócio-emocionais dos estudantes, o que já nos trouxe uma estimativa valiosa do que seria o impacto da interrupção das atividades escolares presenciais na vida de nossas crianças e nossos jovens. Esse foi um dos vários indicadores que nos levaram, desde o início da pandemia de Covid-19, a buscar maneiras de manter escolas abertas a estudantes mais vulneráveis e colocar em prática, tão logo quanto possível, o processo de reabertura gradual.

Os resultados do SARESP – tanto a proficiência alcançada em cada disciplina quanto o dado agregado do Idesp, que inclui todas as áreas e indicadores de fluxo escolar – são divulgados na plataforma Foco Aprendizagem, para acesso de gestores, técnicos e professores. É por meio dessa plataforma que os profissionais verificam os resultados de acordo com o seu campo de atuação e o cumprimento das metas estabelecidas. Há alguns pontos importantes que devemos esclarecer sobre as metas, as quais são recalculadas todos os anos de forma automática, por meio de algoritmos, e de acordo com a progressão das escolas. Por exemplo, se o desempenho de uma escola cresce, a sua meta também crescerá; por outro lado, se uma unidade tem queda no Idesp, a meta que já estava calculada para o ano seguinte será reajustada para baixo, de modo que seja possível à escola alcançar o desempenho proposto.

Ou seja, há todo um esforço para que as metas possam ser de fato alcançadas. Afinal, não faz sentido estabelecer uma progressão da aprendizagem e do fluxo escolar que não leve em conta possíveis obstáculos e percalços pelo caminho. Quando os estudantes tropeçam e passam a andar mais devagar, a meta precisa vir para mais perto deles, de forma que não sejam desestimulados e que professores e gestores possam conceber e implementar estratégias realistas, visando ao alcance desses resultados. Isso faz com que mais escolas atinjam suas metas e, consequentemente, mais profissionais sejam contemplados com os bônus total. Isso porque, quando a unidade não alcança o resultado esperado, ainda assim é pago um valor proporcional ao seu avanço.

Outra característica importante dessa bonificação é o incremento para os servidores que trabalham em escolas que atendem populações vulneráveis. Quanto maior a vulnerabilidade dos estudantes, que está relacionada a fatores sócio-econômicos, maior é o multiplicador do bônus. Como o Indicador de Nível Sócio-econômico das Escolas de Educação Básica (Inse), produzido pelo MEC, possui uma defasagem de tempo para ser publicado, que nos faria atrasar o pagamento desses bônus, o estado de São Paulo criou o seu próprio indicador sócio-econômico. Esse dado é obtido a partir dos questionários contextuais do SARESP, que são respondidos pelas famílias e pelos responsáveis dos estudantes que participam do teste[3].

Em 2019, pagamos bônus referente às metas do Idesp de 2018 para 187.655 professores e servidores da rede estadual de São Paulo. Esse montante equivaleu a aproximadamente R$ 425 milhões, sendo em torno de R$ 375 milhões destinados exclusivamente a professores. No ano seguinte, em 2020, o valor chegou a cerca de R$ 350 milhões para 166 mil servidores, sendo 129 mil professores, aproximadamente.

* * *

---
[3] Após realizar a avaliação, o estudante leva o questionário para casa, que deve ser respondido pelos pais ou responsáveis.

Geralmente, a publicação dos resultados do SARESP acontecia após o início do ano letivo seguinte, o que dificultava um pouco o planejamento das escolas. Em 2020, conseguimos que a divulgação ocorresse antes, de tal maneira que foi possível planejar as atividades escolares no período e no tempo adequados. Sabemos, contudo, que a pandemia de Covid-19, que adentrou definitivamente o país a partir do mês de março, chacoalhou esse planejamento e nos forçou a adotar novas medidas e recorrer a outros instrumentos. É justamente nesse momento que ganham maior importância as Avaliações Processuais, que já eram aplicadas no estado.

Conforme já relatado no Capítulo 1, as Avaliações Processuais têm um caráter formativo, com o objetivo de fornecer informações sobre a aprendizagem dos estudantes ainda durante o curso do ano letivo, de modo que não é necessário esperar o cumprimento de todo um ciclo escolar para planejar ações de correção de rumos e recuperação da aprendizagem. Geralmente, são aplicadas quatro avaliações com essas características todo ano, nas áreas de língua portuguesa, matemática, ciências humanas e ciências da natureza. Entretanto, por serem realizadas de forma presencial, tivemos também que as adaptar para o contexto da pandemia. Realizamos, portanto, em 2020, duas avaliações processuais em parceria com o CAEd/UFJF, em formato híbrido, que incluiu tanto testes impressos quanto digitais; além disso, também aplicamos Sequências Digitais de Atividades, que tinham como foco as habilidades nas quais os estudantes tiveram mais dificuldades na Avaliação Processual. Em 2021, junto com os dados do SARESP de 2019, uma Avaliação Diagnóstica de entrada auxiliou no planejamento escolar, além das demais Avaliações Processuais previstas a serem aplicadas ao longo do ano.

Dada a importância dessas avaliações formativas para a superação das defasagens de aprendizagem provocadas pela situação da pandemia, desenvolvemos, em parceria com o CAED/UFJF, uma estratégia inovadora de devolutiva de resultados alinhada à capacitação profissional. À medida que as avaliações são realizadas e os dados de desempenho são publicados, gestores e professores cumprem um itinerário formativo que tem como foco justamente a apropriação desses resultados para a aplicação e a gestão do currículo na sala de aula. Todas essas frentes se encontram na Plataforma de Atividades e Avaliação Formativa de São Paulo – um ambiente digital que agregou de aplicação e realização de testes a divulgação e interpretação de resultados.

Tudo isso foi extremamente importante para que pudéssemos amenizar, ao máximo, os impactos da pandemia na educação de nossos estudantes. E se foi importante para esse período atípico, será ainda mais agora que caminhamos em direção a um cenário mais positivo. Seja por meio de uma aplicação mais rígida como a do SARESP, seja por meio de instrumentos de caráter mais flexível, como no caso das avaliações formativas processuais, avaliar o estudante é buscar formas de garantir o seu direito fundamental de aprender. Isso é inegociável, seja em tempos desafiadores, seja em tempos favoráveis.

Este livro foi impresso em papel Polén Natural 70g, capa triplex 250g.
Edições Fons Sapientiae
é um selo da Distribuidora Loyola de Livros

Rua Lopes Coutinho, 74 - Belenzinho 03054-010 São Paulo - SP
T 55 11 3322 0100 | editorial@FonsSapientiae.com.br
www.FonsSapientiae.com.br